AF196785

Herbert Rosendorfer

Ballmanns Leiden
oder Lehrbuch für
Konkursrecht

Roman

nymphenburger

6. Auflage 2000
Limitierte Sonderauflage

© nymphenburger in der F.A.Herbig Verlagsbuchhandlung GmbH,
München 1981
Alle Rechte, auch der photomechanischen Vervielfältigung
und des auszugsweisen Abdrucks, vorbehalten.
Druck: Jos. C. Huber KG, Dießen
Bindung: R. Oldenbourg, München
ISBN 3-485-00859-1
Printed in Germany

IM NAMEN DES VOLKES

Es wird schon irgendwie
Recht sein,
was wir dafür halten.
Gewiß,
aber ich hülle mich manchmal
frierend
in meine zerschlissene Robe.

F. LORDICK

Ich bin aber nicht gewohnt,
in Justizsachen mich vor jemand
in der Welt zu fürchten.

SAMUEL VON COCCEIJUS
KAMMERGERICHTSPRÄSIDENT
1748

I

Auch in einem Vorsitzenden Richter am Landgericht kann ein Dämon wohnen.

Warum Dr. Ballmann – oder der in ihm wohnende Dämon – lachte, als ihn seine Frau weckte, hat schon niemand mehr erfahren. Es war übrigens nicht der Dämon, es war Dr. Ballmann selber. Dr. Ballmann vertrat schon bald in seinen Selbstgesprächen die Meinung, daß in ihm *kein* Dämon wohne, obwohl so etwas auch bei einem Vorsitzenden Richter am Landgericht vorkommen könne, kein Dämon eingezogen sei, etwa mit Vollendung des fünfzigsten Lebensjahres am 18. März, einem Sonntag, kein Dämon von dem Vorsitzenden Richter Dr. Ballmann Besitz ergriffen habe, sondern daß viel eher bis dahin, die ganzen fünfzig Jahre und namentlich die zweiundzwanzig Jahre im Dienst dessen, was sich selber Justiz nennt, ein Dämon in Dr. Ballmann vorhanden gewesen sei, der jetzt, an einem Montag, am Morgen nach dem fünfzigsten Geburtstag den Vorsitzenden Richter verlassen und einen reinen, schlackenlosen Dr. Ballmann oder, besser, Martin Ballmann zurückgelassen habe, der einen langen, klaren und geraden Weg vor sich sieht.

Bei dieser Argumentation war sich Dr. Ballmann im klaren, daß rein äußerlich das Dämonische in ihm kaum jemals zum Ausdruck gekommen ist. Aber wer will behaupten, er wisse, wie Dämonen oder auch nur wie Vorsitzende Richter im Landgericht aussehen, die von einem Dämon (oder mehreren?) bewohnt werden? Wer weiß, was es alles für Dämonen gibt. Vielleicht gibt es Dämonen, die sich wie der Geruch verbreiten, der von dem billigen, etwas süßlich-seifig riechenden Bohnerwachs ausgeht, mit dem die Gänge des Justizpalastes in von der Hausverwaltung entsprechend den Haushaltsvorschriften festgelegten Abständen eingerieben werden, oder dem Fett, in dem das gebraten wird, was der Kantinenpächter ›Cordon bleu‹ nennt, der zur Entschuldigung anführt, daß mit dem geringen Zuschuß kein besseres Fett angeschafft werden kann. Es sind das die stillen Dämonen, die wenig Haare haben, die kurzsichtigen Dämonen, die sich gierig in neue Beihilfeverordnungen vertiefen, die Dämonen, die Ärmelschoner tragen und zu enge Hosen und nicht wissen, wo das Leben ist.

Dr. Ballmann lachte, als ihn seine Frau weckte.

Vor Jahren schon hatte Dr. Ballmann verschiedene Anläufe genommen, für sich und seine Frau getrennte Schlafzimmer einzurichten. Immer, wenn Ballmann so einen Vorschlag machte, war seine Frau gekränkt, in einer frommen Art gekränkt, niedergeschlagen, hatte die Handarbeit in den Schoß sinken lassen und Ballmann mit feuchten Augen angeschaut, daß Ballmann nicht weiter hart sein konnte, obwohl nicht einzusehen war, warum Ballmann und seine Frau in einem Zimmer schlafen sollten. Irgendwelche körperliche Vorstöße hatte Ballmann schon seit Jahren nicht mehr unternommen, was Babette offenbar in der Ordnung fand. Sicher: Ballmann wußte, daß er auch nicht so aussah wie einer, dem die Frauen magisch

8

angezogen an den Hals fliegen. Auch er, Ballmann, hatte in den Jahren des dämonischen Justizdienstes Gewicht angesetzt und Haare verloren, in letzter Zeit plagte ihn außerdem ein Stechen links hinten über dem Gesäß (Ischias?), aber so dick geworden wie Babette war er nicht. Außerdem trug Babette nicht nur Flanellnachthemden, sondern immer auch noch eine Unterhose drunter, wenn sie ins Bett ging. Ballmann hatte einmal zu analysieren versucht, warum ihn gerade das, diese Unterhose unter dem Nachthemd, so stört. Er war mit der Analyse nicht sehr weit gekommen. Einmal hatte er es Babette sogar gesagt. Babette hatte freundlich geantwortet: wenn es ihn störe, ziehe sie keine mehr an in der Nacht. Nein, hatte Ballmann gesagt, ich möchte eigentlich nur wissen, warum du sie anziehst? Babette hatte ihn groß angeschaut und geantwortet: ich weiß nicht, ich fühle mich wohler so. Soll ich mich nicht wohl fühlen? Doch, hatte Ballmann geantwortet, doch.

An diesem Abend – im übrigen ohne weitere Konsequenzen – hatte Babette zwar automatisch nach einer Unterhose gegriffen, hatte sie aber dann nicht angezogen, sondern war ohne Unterhose, aber natürlich mit Flanellnachthemd, ins Bett gegangen. Am nächsten Tag erzählte sie freundlich, daß sie sehr schlecht geschlafen habe, warum, wisse sie auch nicht. Ballmann sagte nichts.

Warum, sagte sich Ballmann immer wieder, soll ich mit einer Frau, die so dick geworden ist und in einem Flanellnachthemd mit Unterhose ins Bett geht, in einem Zimmer schlafen? Wahrscheinlich ist es sogar ungesund. Wahrscheinlich reicht der Sauerstoff in so einem kleinen Schlafzimmer in einem Reihen-Einfamilienhaus für zwei Personen – von denen eine so dick ist – nicht aus, auch wenn das Fenster die ganze Nacht offen steht. Außerdem: sie wird um neun Uhr schon müde. Wahrscheinlich macht das Fett müde. Ich will im Bett noch lesen. Ich kann im Bett nicht lesen, weil Babette das Licht stört. Lese ich unten im Wohnzimmer, kommt sie spätestens um halb zehn in ihrem Flanellnachthemd herunter, unter dem sie eine Unterhose trägt, und fragt freundlich, ob ich nicht doch auch schon schlafengehe? Es gibt keinen vernünftigen Grund, warum wir nicht getrennte Schlafzimmer haben sollten.

Doch, es gibt einen vernünftigen Grund: es ist zu wenig Platz da. Es ginge nur, wenn Thomas und Christian wieder, wie als kleine Kinder, in ein Zimmer ziehen würden. Das wäre aber ungerecht, weil dann das Mädchen – Katharina – mit ihrem Einzelzimmer bevorzugt wäre. Man könnte natürlich ganz oben das große Zimmer, das sogenannte ›Studio‹ aufteilen lassen in zwei Zimmer. Dann ginge es. Aber das kostet, wenn man es ordentlich machen läßt, zehntausend Mark. Vielleicht bringt das *Lehrbuch* soviel ein, obwohl ... Ballmann erinnerte sich daran, was ein Kollege, der einen Kommentar zur Zivilprozeßordnung geschrieben hatte, ihm über die wirtschaftliche Ertragslage solcher Publikationen gesagt hatte. Obwohl dieser Kommentar sich sogar eines gewissen Rufs erfreute, habe sich – hatte der Kollege gesagt – das Papier nur rentiert, weil er es von der Steuer absetzen konnte. Und das war ein Kommentar zur Zivilprozeßordnung gewesen, ein zentrales Thema der Jurisprudenz. Es war also nicht zu erwarten, daß Ballmann mit seinem *Lehrbuch für Konkursrecht* – einem Nebengebiet – mehr finanziellen Erfolg haben sollte. Eine solide Zwischenwand oben im ›Studio‹ würde nicht dabei herausspringen. Ballmann würde warten müssen, bis die Kinder aus dem Haus waren, dann wäre Platz auch ohne Umbau. Kinder, darüber klagten Kollegen in der Kantine immer wieder, verlassen heutzutage sehr früh das Elternhaus. Oft sind sie, kaum daß sie das Abiturzeugnis in der Hand haben, mit neunzehn oder zwanzig, auf und davon, besonders die Mädchen. Bei Thomas, dachte Ballmann, dauert es also noch zwei Jahre. Zwei Jahre würde er, Ballmann, also noch in einem Zimmer mit der freundlichen Dame im Schlüpfer unter dem Flanellnachthemd schlafen müssen. Zwei Jahre sind nicht viel in einem Alter, wo die Jahre schon wie ein reißender Bach hinunterstürzen. Es gab aber auch andere, alarmierende Fälle in Kollegenkreisen: da waren die Kinder nicht zu den Freunden in eine Wohngemeinschaft oder Kommune gezogen, sondern haben die Freunde mit in das elterliche Haus gebracht, haben womöglich sogar geheiratet. Aber für so etwas hielt Ballmann Thomas für zu vorsichtig, bei aller Dummheit.

Ballmann stand in der Regel als letzter der Familie auf. Den Wecker bediente Frau Ballmann, die immer beim Läuten des Weckers erschrak. Sie stieß einen kleinen Schrei aus oder mehrere, je nachdem, wußte nicht, wo sie war, tappte ins Leere, fand sich dann zurecht – der Wecker rappelte weiter –, wälzte sich endlich herum und drückte schweißgebadet auf die Sperre. Selbstverständlich wachte auch Ballmann von diesem Lärm auf, namentlich aber, weil das Bett knarzte und wackelte, wenn Frau Ballmann sich vor Weckerschrecken wälzte. (Die einzige Gelegenheit, bei der das große französische Bett, eine viel zu teure Anschaffung aus der Zeit, als sie hierher in das eigene Haus gezogen waren, noch knarzte. Auch das französische Bett war natürlich ein Argument gegen die getrennten Schlafzimmer. Das Bett konnte man nicht auseinanderschneiden. Ballmann hatte vor, sich ein neues zu kaufen, *dereinst,* und das französische seiner Frau zu überlassen, die es ohnehin bald, wenn sie weiter so zunahm, ausfüllen würde. Vielleicht würde das *Lehrbuch für Konkursrecht* wenigstens das Geld für ein neues Bett einbringen. Ballmann dachte an ein Messingbett.) Aber er kümmerte sich nicht um den Wecker und nicht um den Schrecken und das Strampeln seiner Frau, tat so, als höre er nichts, drehte sich um und döste oder schlief sogar weiter, bis ihn Frau Ballmann um halb acht Uhr weckte. Um halb acht Uhr gingen die Kinder aus dem Haus in die Schule. Ballmann hatte eine S-Bahn um zwei Minuten nach halb neun. Vom Haus bis zum Bahnhof brauchte er knapp zehn Minuten. Mit einer früheren S-Bahn fuhr Ballmann nie, selbst dann nicht, wenn er Sitzung hatte. Die Sitzungen fingen bei ihm immer erst um neun Uhr an. Die Anwaltskammer hatte einmal, vor Jahren schon, einen Vorstoß bei den Gerichtspräsidenten unternommen, um die Termine zu vereinheitlichen: das Amtsgericht, hatten die Anwälte vorgeschlagen, solle um halb acht Uhr, die Kammern des Landgerichts um halb neun, die Senate des Oberlandesgerichts um neun Uhr anfangen. Das würde den Anwälten die Einteilung ihrer Termine wesentlich erleichtern, hieß es. Die Gerichtspräsidenten hielten den Vorschlag für sehr vernünftig. Viele Kollegen hielten sich daran, auch Ballmann hätte seufzend seine Sitzungen vorverlegt, wenn er nicht um die Zeit zufällig mit einem als besonders renitent bekannten Amtsrichter gesprochen hätte, jünger als er, der gesagt hatte: er pfeife sowohl den Gerichtspräsidenten als auch der Anwaltskammer was. *Er* bleibe bei neun Uhr. Freilich war jener Amtsrichter in einer besseren Situation. Er hatte eine reiche Frau und spielte – wie gemunkelt wurde – Golf. Aber irgendwie war Ballmann von der Renitenz des jüngeren Amtsrichters beschämt und beschloß, vorerst einmal stillschweigend bei seinem Sitzungsbeginn von neun Uhr zu bleiben, und zu sehen, was würde. Es ›wurde‹ natürlich gar nichts. Nach ein paar Monaten war die Sache vergessen. Trotzdem hatte Ballmann noch unlängst den Verdacht, daß diese einzige Renitenz, die er jemals an den Tag gelegt hatte, der Grund war, warum ihm bei der Bewerbung um den Posten eines Oberst-Rates – also eines Richters am Obersten Landesgericht – der Kollege Wirsing vorgezogen worden war. Bei gleicher dienstlicher Qualifikation war Wirsing sogar zwei Jahre jünger als Ballmann. Irgend etwas mußte also dahinterstecken. Ballmann hatte sich damals eingeredet, es mache ihm nichts aus, bei dieser Beförderung übergangen worden zu sein, denn der finanzielle Vorteil war ohnedies nicht hoch, vielleicht – die höhere Steuer berücksichtigt – hundertfünfzig Mark im Monat, wofür man sich wieder einen Vorgesetzten eingehandelt hätte. Als Vorsitzender Richter am Landgericht ist man sein eigener Herr. Als Oberst-Rat gehört man einem Senat an und hat seinerseits einen Vorsitzenden, der einen womöglich behandelte wie einen Referendar und in den Urteilsentwürfen Kommafehler korrigierte.

Die Toilette Dr. Ballmanns, geübte Handgriffe, eingeschliffen in das fünfzigjährige Leben wie tiefe Fahrrinnen, dauerte keine Viertelstunde. Das Frühstück war Ballmann nicht wichtig. Die Zeitung las er in den zwanzig Minuten, die die S-Bahn bis in die Stadt brauchte. Es gab immer einen Sitzplatz. Die Bahn um zwei Minuten nach halb neun war nie voll. Der Berufsverkehr war um die Zeit schon vorbei.

Frau Ballmann erfuhr nie mehr, warum Ballmann lachte, als sie ihn heute weckte.

Er lachte, weil es regnete.

Er hatte den Regen, der draußen in die Büsche schlug, schon gehört, als der Wecker läutete. Babette hatte – wie immer – den Vorhang einen Spalt zurückgeschoben und hinausgeschaut. Ballmann hatte verstohlen ein Auge geöffnet und den verhangenen Himmel gesehen. Er hatte an einen Sommertag des Jahres 1959 gedacht, der auch so von Wolken verhangen war. Auch damals hatte es geregnet.

Ballmanns Vater – er hieß auch Martin Ballmann – kam ins Zimmer und weckte den Sohn. Die Mutter war damals schon einige Jahre tot. Ballmann – schon Dr. Ballmann – lebte mit seinem Vater in der alten Wohnung einer Straße, die ›Am Färberbach‹ hieß. Sie war für sie beide zu groß geworden. Merkwürdigerweise hatte der alte Ballmann nach dem Tod seiner Frau zwar einen Teil der Möbel verkauft, die große Wohnung aber nicht aufgegeben, nur den Rest der Möbel umgruppiert, auf zwei Zimmer verdichtet. Zwei weitere Zimmer standen leer, buchstäblich leer, nicht nur unbewohnt, sondern leer, möbellos und verstaubten langsam. Senior und Junior Ballmann bewohnten je ein Wohn-Schlafzimmer. Ein gemeinsames Zentrum hatte die Wohnung nicht, nicht einmal eine Küche, denn die war auch leer bis auf den Herd und einen Kühlschrank. Der Herd wurde nie benützt, im Kühlschrank stand nur Bier. Vater und Sohn aßen immer auswärts, selbst das Frühstück. Das Bad und das Klo waren die letzten Reste eines Zentrums der Wohnung.

Ballmann Junior, Dr. Martin Ballmann, hatte in seinem ersten Jahr bei der Justiz – als Assessor bei der Staatsanwaltschaft – seine Studienkollegin Babette Klingshirn wiedergetroffen, die ungefähr gleichzeitig mit ihm eingestellt worden war. In der Studienzeit hatte man sich flüchtig gekannt, hie und da ein Wort gewechselt, irgendeine nähere Beziehung hatte sich nicht ergeben.

Manchmal versuchte Ballmann heute noch, sich seine Seelensituation von damals, als er Fräulein Babette Klingshirn auf dem engen Gang der Staatsanwaltschaft wiederbegegnete, in Erinnerung zu rufen. Er versuchte in sich hineinzuhorchen, nicht um zu suchen, ob noch eine Spur der Liebe vorhanden war, sondern nur um zu ergründen, was damals in ihm vorgegangen sein mußte, als er sich in Fräulein Babette Klingshirn verliebte. Es war vergeblich. Nicht nur die Gefühle, sogar die Erinnerungen an die Gefühle waren verflogen. So dick war Babette damals natürlich noch nicht gewesen. Aber selbst daran konnte sich Ballmann heute nur noch blaß erinnern. Ob Babette auch damals, also in der ersten Zeit der Ehe, Schlüpfer unter dem Nachthemd getragen hatte? Ballmann wußte es nicht mehr. Wahrscheinlich doch wohl eher nicht. Ein paar Mal hatte Ballmann versucht, Babette zu überreden, nackt zu schlafen. Daran erinnerte sich Ballmann, auch daran, daß ihm Babette – wohl heimlich seufzend – den Gefallen getan hatte, aber in der Früh hatte sie dann doch immer wieder das Nachthemd an, war also in der Nacht aufgestanden und hatte es angezogen.

Als der junge Dr. Ballmann seinem Vater die Absicht mitteilte, die Kollegin Babette Klingshirn zu heiraten, reagierte der Alte überhaupt nicht. Es kam nicht oft vor, daß Martin Ballmann junior Martin Ballmann senior (der sich in Eingaben bei Behörden und dergleichen nicht ungern als Justizinsp. a. D. bezeichnete, obwohl das nicht ganz richtig war, allerdings auch nicht ganz falsch) in seinem Wohn-Schlafzimmer besuchte. Wenn Ballmann junior gefragt worden wäre, was sein Vater so den ganzen Tag in seinem Zimmer mache, hätte er keine Antwort gewußt. Eigentlich begegneten sich die beiden nur auf dem Weg vom oder zum Klo.

Es war Abend. Der Alte saß an einem ungedeckten Küchentisch, der in der Mitte des Zimmers unter einer Lampe mit einem braunen Schirm stand, und las Zeitung. Der Alte saß im Unterhemd (es war ein heißer Sommertag gewesen) und Hosenträgern. Die bloßen Arme zeigten viele Leberflecken. Der Alte, die Hände in den Hosentaschen, hatte die Zeitung weit aufgeschlagen vor sich auf dem Tisch liegen. Eine Zigarette hing in seinem Mundwinkel.

Der Alte schaute auf, als der Sohn hereinkam.

»Ja?« fragte der Alte.

»Papa«, sagte Ballmann, »nur damit ich es dir sage: Babette und ich heiraten.«

Der Alte schaute wieder in die Zeitung. Ballmann ging näher hin. So wenig sich der Vorsitzende Richter Dr. Ballmann heute der Empfindungen erinnerte, die ihn damals für seine Braut durchflossen hatten, so genau erinnerte er sich an diese Szene. Das menschliche Gedächtnis ist offenbar ganz unzureichend organisiert. Ballmann erinnerte sich genau, daß sein Vater damals den Annoncenteil *Stellenangebote* vor sich liegen hatte.

»Suchst du eine Stelle?« fragte Ballmann.

»Wieso?« fragte der Alte.

»Weil du die *Stellenangebote* anschaust.«

»Nein«, sagte der Alte. »Ich habe nur alles andere schon gelesen.« Er schaute einen Moment nicht wieder in die Zeitung, dann fügte er hinzu: »Du wirst ja schließlich nächstes Jahr dreißig.«

»Bitte?« fragte Ballmann.

»Ich meine: weil du heiratest.«

»Ja«, sagte Ballmann.

Der Vater vertiefte sich wieder in die Stellenanzeigen. Ballmann ging hinaus und in sein Zimmer.

Im Gegensatz zu Sohn Ballmann, der kaum je in des Vaters Zimmer kam, kam Vater Ballmann jeden Tag einmal in das Zimmer seines Sohnes. Seit Ballmann senior ›in Rente‹ war, seit etwa vier Jahren, war er Frühaufsteher geworden. Es war sogar eine gewisse

Tendenz zum Gesundheitsapostel zu entdecken, ein Zug, der im Charakter des alten Ballmann bis dahin völlig gefehlt hatte. Ballmann senior aß Weizenschrot und rohe Kohlrabi und machte in der Früh zwar keinen Waldlauf, weil es in der Nähe der Straße ›Am Färberbach‹ keinen Wald gab, aber einen barfüßigen Lauf durch das Hochwasserbett des Flusses von der Welfenbrücke bis zur Kaisermühlenbrücke und wieder zurück, sogar im Winter, da allerdings nicht barfuß. Daß der alte Ballmann im Sommer barfuß lief, hatte Ballmann junior durch einen kuriosen Vorfall erfahren.

Der alte Ballmann ging, so rekonstruierte damals Ballmann junior, immer über die Welfenbrücke hinüber, weil man ja nur von drüben in das Hochwasserbett hinuntersteigen konnte. Drüben zog er Schuhe und Strümpfe aus und versteckte sie hinter einem bestimmten Stein unter dem Brückenpfeiler. Das mußte einer der Penner und Stadtstreicher beobachtet haben, denn eines Tages waren Schuhe und Strümpfe weg. Wütend und noch barfuß ging der alte Ballmann sofort auf die Polizeiinspektion am Baldurplatz und zeigte den Polizisten seine bloßen Füße. Einer der Polizisten lachte hinter vorgehaltener Hand, worauf der alte Ballmann von einer Anzeige absah und mit der Drohung, man werde von ihm hören, die Inspektion verließ. Ballmann senior schrieb daraufhin verschiedene Beschwerden und Eingaben – unterzeichnet: ›Ballmann Martin sen., Justizinsp. a. D.‹ – an den Polizeipräsidenten und das Ausländeramt, denn er war überzeugt, daß nur ein Ausländer die Schuhe gestohlen haben konnte. Er schrieb auch eine Eingabe an die Staatsanwaltschaft und verklagte die Stadt auf Schadensersatz, welchen Prozeß er verlor.

Bei all dem verzichtete der alte Ballmann ganz betont auf die Hilfe seines Sohnes, die ja eigentlich nahegelegen hätte. Entweder, überlegte Ballmann junior, traut er meinen juristischen Fähigkeiten nicht genug oder aber er befürchtet, daß ich ihm abgeraten hätte. Ballmann junior erfuhr davon überhaupt nur, weil ihm sein Chef den Vorgang zeigte. Der Chef, der Oberstaatsanwalt Dr. F., sonst kein Freund von Arbeit, hatte sich die Bearbeitung querulatorischer Anzeigen vorbehalten, weil er das unterhaltsam fand. »Der heißt wie Sie«, sagte Oberstaatsanwalt Dr. F. zu Ballmann, »sind Sie mit dem verwandt?«

Ballmann leugnete.

Die Sache mit den Schuhen hatte damals eine weitere Folge gehabt: Ballmann junior war an dem Tag – das einzige Mal in seiner Laufbahn – zu spät zum Dienst gekommen. Zwar war es damals so bei der Staatsanwaltschaft, daß sich selbst die jüngeren Assessoren ihre Dienstzeit einteilen konnten, wie sie mochten. Feste Dienstzeiten gab es nicht, es kontrollierte auch kein Mensch. Die Staatsanwälte und Assessoren standen ausschließlich unter der Fuchtel der sogenannten Statistik, das heißt: am Anfang des Monats hielt einem der Abteilungschef einen Zettel unter die Nase, auf dem die Eingänge und die Erledigungen des vorangegangenen Monats vermerkt waren. Der Oberstaatsanwalt rümpfte die Nase, wenn die Eingänge die Erledigungen überstiegen. Also sah jeder von allein darauf, daß er soviel wie möglich hinausschaufelte, damit ›die Statistik stimmte‹. Wann er das machte, war den Vorgesetzten gleich. Es gab Staatsanwälte, die gingen früh ins Büro, arbeiteten wie die Ochsen zwei Stunden, diktierten wie die Rasenden Strafbefehlsanträge, Anklagen und Einstellungsbeschlüsse und gingen erschöpft, aber zufrieden um zehn Uhr nach Hause. Es gab andere, die gingen auch früh ins Büro, kramten in den Akten herum, konnten sich zur Arbeit nicht entschließen, gingen ins Café, wo auch schon ein paar andere saßen, gingen wieder zurück ins Büro, wo zu ihrer immer wiederkehrenden Enttäuschung die Akten immer noch lagen, gingen dann in die Kantine, nachmittags wieder ins Café, und näherten sich erst am Spätnachmittag ächzend der Erledigung ihrer Akten, saßen dann natürlich da bis spät abends.

Es gab einen Staatsanwalt, der arbeitete grundsätzlich nur nachts, und es gab einige sogenannte ›Gelegenheitsarbeiter‹, die taten den ganzen Monat hindurch nichts, erschienen nur ephemer, um die Aktenberge in und auf Schränken zu verwahren, und erst kurz, bevor die Statistik für den Monat angefertigt wurde, wüteten sie wie die Narren Tag und Nacht zwei Tage lang, bis die Aktenberge zu Erledigungen zerkaut waren. Das System funktionierte merkwürdigerweise, das heißt: kein Mensch achtete im Grunde wirklich auf die Qualität der Arbeit. Nur ganz haarsträubende Schnitzer wurden beanstandet, und solche Schnitzer kamen höchst selten vor, weit seltener als in Behörden anderer Verwaltungen, die eine feste Dienstzeit und ein straffes hierarchisches Verhältnis haben. Oberstaatsanwalt Dr. F., der bekannt dafür war, daß er den Apparat der Justiz gnadenlos durchschaute, sagte öfter: »In der Verwaltung draußen –«, womit er den öffentlichen Dienst außerhalb der Justiz meinte, »kauft man Ihnen für das Gehalt Ihre Zeit ab. Logisch, daß sich die Kollegen dort dann auch das Zeitunglesen zahlen lassen und das Blumengießen oder das bloße In-die-Luft-Schauen nebst Fliegenzählen. Bei *uns* kauft man Ihnen Ihre Arbeitskraft ab, Ihr Sitzfleisch, Ihren Geist, vielleicht sogar Ihre Gesundheit – aber *nicht* Ihre Zeit. Mindestens seit Parkinsons lichtvollen Erkenntnissen ist klar, daß Arbeit ein dehnbarer Begriff ist. Das Funktionieren der Justiz ist der beste Beweis für Parkinson. Dabei weiß ich nicht, ob man dieses Arbeitssystem der Justiz loben oder tadeln soll: Sie werden, lieber junger Kollege, durch die Tretmühle gejagt, aber die *Zeit,* die Sie herausschinden, die übrigbleibt, wenn Sie Ihre Akten zerkaut haben, gehört *Ihnen.*« Der Spruch ›Zeit ist Geld‹ ist einer der dümmsten Sprüche: man weiß heute, daß Zeit mit Geld überhaupt nicht zu bezahlen ist.

Die einzigen zeitlichen, für die Assessoren und Staatsanwälte nicht frei kalkulierbaren Termine waren die Sitzungen. Zweimal in der Woche war jeder in der Regel als Sitzungsvertreter eingeteilt und mußte sich dann selbstverständlich danach richten, wann der Richter mit seiner Sitzung anfing. Ausgerechnet an jenem Tag, als dem Vater Ballmann die Schuhe gestohlen wurden, war Ballmann junior für eine Sitzung eingeteilt, die um halb neun Uhr anfangen sollte. Ballmann hatte keinen Wecker. Ihn weckte immer der Vater, wenn er von seinem Morgenlauf zurückkam. An dem Tag aber verzögerte sich das durch die erwähnten Ereignisse, und als der alte Ballmann seinen Sohn weckte, war es schon Viertel nach acht. Ohne Frühstück, unrasiert, ausnahmsweise mit einem Taxi erreichte Ballmann zwanzig vor neun sein Büro in der Staatsanwaltschaft, raffte die Akten an sich, würgte die weiße Krawatte um den Kragen, riß die Robe aus dem Schrank und rannte hinüber ins Gericht, wo der Richter eben den Oberstaatsanwalt anrufen und sich über Ballmann beschweren wollte. Das wäre unangenehm gewesen, denn einzig die Pünktlichkeit bei den Sitzungen galt als nobile officium. Ballmann besänftigte den Richter mit der sibyllinischen Erklärung: er bitte um Entschuldigung, seinem Vater seien in der Frühe die Schuhe gestohlen worden.

Am Tag der Hochzeit wurden keine Schuhe gestohlen. Martin Ballmann senior hatte nach jenem Vorfall besonders lange Schuhbänder gekauft, band die Schuhe jetzt immer zusammen und hängte sie sich beim Laufen über die Schulter. (Ursprünglich hatte er daran gedacht, die Schuhe jeweils in der erwähnten nahegelegenen Polizeiinspektion in Verwahrung zu geben, sah aber angesichts der unernsten Haltung der dortigen Beamten von diesem Plan ab.) Vater Ballmann war an diesem Tag sogar früher zu seinem Morgenlauf aufgebrochen. Als er danach zu seinem Sohn ins Zimmer trat um ihn zu wecken, war er schon im schwarzen Anzug, rasiert und frisiert.

»Aufstehen, Martin«, sagte der Alte.

Es sei, erzählte Martin später, kein Zynismus gewesen, eigentlich überhaupt keine Absicht, eher ein Reflex. Er habe selber gar nichts gedacht dabei, es sei eher so gewesen, daß er sich selber diesen Satz sagen hörte, ohne ihn vorher überdacht zu haben. Er habe zum Fenster hinausgeschaut (die Vorhänge hatte der Vater auch verkauft seinerzeit) und das Wetter gesehen und gesagt: »Aber es regnet ja.«

Der Vorsitzende Richter am Landgericht Dr. Martin Ballmann schaute zum Fenster hinaus, vor dem Frau Babette Ballmann einen Spalt den Vorhang zurückgezogen hatte, sah den Regen niederrinnen und sagte zu seiner Frau, die »Vati, halb acht!« gesagt hatte: »Aber es regnet ja.« Dann lachte er, denn er mußte an seinen Vater, an dessen gestohlene Schuhe und an seinen Hochzeitsmorgen denken.

»Warum lachst du?« fragte Frau Ballmann.

Ballmann sagte nichts.

II

Thomas Ballmann war achtzehn Jahre alt, ein Angehöriger der Schweißfußgeneration: er weigerte sich, eine andere Fußbekleidung als Turnschuhe anzuziehen. Daß man Thomas' Zimmer ohne Gefahr, in Ohnmacht zu fallen, betreten konnte, verdankte die Familie dem Umstand, daß Thomas es ablehnte, mehr als jeweils ein Paar Turnschuhe zu benutzen, das heißt: er hatte das eine in Benutzung befindliche Paar praktisch immer an, wahrscheinlich auch nachts. Der Geruch schwelte also in den Turnschuhen und drang nicht nach außen. Wenn das alte Paar Turnschuhe restlos zerfallen war, wurde ein neues Paar angeschafft. Dieser Moment des Wechsels war natürlich der kritische Punkt. Hier hätte der Geruch freigesetzt werden und katastrophale Wirkungen zeitigen können. Aber bisher waren alle Paare außerhalb des Hauses – kein Zufall: Thomas hielt sich selten daheim auf, nur zum Essen, Schlafen und gelegentlich zum Fernsehen – zerfallen, die Bombe also woanders explodiert.

Thomas, nun schon volljährig, sollte nächstes Jahr Abitur machen. Es waren Zweifel angebracht, aber Thomas war *zuversichtlich*. »Auch Hitler«, sagte Ballmann einmal, als darauf beim Essen die Rede kam, »war noch Anfang April 1945 zuversichtlich.«

»Wer ist Hitler?« fragte Thomas, antwortete aber selber: »Ach, der. Was hat das mit mir zu tun?«

Im übrigen lehnte es Thomas seit seinem achtzehnten Geburtstag ab, mit seinen Eltern über Noten und andere schulische Dinge zu diskutieren. Um solche elterlichen Versuche von vornherein abzublocken, informierte er die Eltern nicht mehr. Auch allgemeine Gespräche über Gegenstände, die in die Nähe von Bildungsgütern kamen, scheute er. Einmal hatte wer die Rede auf Psychologie gebracht im Zusammenhang mit der nach Thomas' Ansicht verfehlten Erziehung in seinem Elternhaus.

»So«, hatte Ballmann geantwortet, »Psychologie.«

»Ja, genau«, sagte Thomas, »Psychologie!«

»Psychoanalyse!« sagte Alexandra, die sechzehn war.

»Was ist Psychoanalyse?« fragte Ballmann tückisch.

»Willst du uns ausfragen?« fragte Thomas.

»Nein«, sagte Ballmann, »nein, nein –«

»Psychoanalyse ist«, holte Alexandra aus, schluckte eine Gabel voll Thunfisch hinunter, legte die Gabel hin, schaute zum Plafond, »Psychoanalyse ist, wenn das Unbewußte ...«

Ballmann schaute Alexandra an. Alexandra nahm die Gabel wieder auf und aß das nächste Stück Thunfisch.

Ballmann wartete ein bißchen, dann sagte er: »Ist das eine Definition?«

»Logo«, sagte Thomas.

Ballmann wiederholte: »Hm. Psychoanalyse ist, wenn das Unbewußte. Hm. Und wer hat die Psychoanalyse erfunden?«

»Freud«, sagte Alexandra.

»Logo«, sagte Thomas.

»Lebt der noch?« fragte Ballmann scheinheilig.

»Wer?« fragte Alexandra, »der Freud?«

»Ja?« sagte Ballmann.

»Der Freud –«, sagte Thomas, »der Freud lebt – also bis vor kurzem hat er noch gelebt, schätze ich.«

»Der Freud ist tot«, sagte Alexandra.

»Wann hat er denn gelebt?« fragte Ballmann.

»So ähnlich bis Bismarck«, sagte Thomas, »aber jetzt hör auf mit dem Scheiß.«

»Bismarck«, sagte Ballmann, »1815 bis 1898 –«

»Ehrlich, verstehe ich gar nicht«, sagte Thomas, »daß du überhaupt leben kannst, wenn du dir dein Hirn mit so überflüssigem Käse verkleisterst.«

»Wahrscheinlich ist er deswegen so verklemmt«, sagte Alexandra.

»Sigmund Freud«, sagte Ballmann, »ist 1856 geboren. Es kann also keine Rede davon sein, daß er ein Zeitgenosse Bismarcks –«

»Hilf Himmel«, sagte Thomas.

»Wieso –?« fragte Ballmann.

»Mensch«, sagte Alexandra zu ihrem Vater, »du scheinst immer noch nicht gemerkt zu haben, daß sich die Welt dreht. Das ist doch klar, daß man diese Einzelheiten wieder vergessen kann, wenn man einmal die *großen Zusammenhänge* begriffen hat.«

Ballmann schluckte, zog sich aber innerlich auf einen wohlwollenden Standpunkt zurück, der seine Kinder und deren Ansichten ernst nehmen sollte. »Das ist nicht ganz von der Hand zu weisen –«

»Er versteht nicht, wovon wir reden«, sagte Alexandra zu Thomas. Es war übrigens eher selten, daß die beiden älteren Geschwister miteinander redeten.

»Doch«, sagte Ballmann, der fühlte, daß sein wohlwollender Standpunkt schon wieder zu zerfallen drohte, »ich weiß schon –«

»Na ja«, sagte Alexandra.

»Das mit den großen Zusammenhängen«, wiederholte Ballmann mit verhaltener Kraft, »ist nicht ganz von der Hand zu weisen, auch, daß man dann das Gerüst der Details vergessen kann. Nur: ich zweifle, daß du je über dieses Gerüst verfügt hast.«

»Meinst du mich?« fragte Thomas.

»Euch alle«, sagte Ballmann.

»Du uns auch«, sagte Alexandra.

»Alexandra!« sagte die Mutter.

»Ist ja schon gut«, maulte Alexandra. »Aber wenn man nicht einmal mehr in Ruhe essen kann.«

Ballmann überlegte kurz und entschloß sich dann, nichts mehr zu sagen.

Thomas und Alexandra Ballmann, Dr. Ballmanns ältere Kinder, waren verkehrt proportioniert. Thomas, der achtzehnjährige, war klein und dick, würde auch – war zu vermuten – nicht mehr wachsen. Die sechzehnjährige Alexandra war seit zwei Jahren den Eltern und dem älteren Bruder über den Kopf gewachsen. Jetzt war sie einen Meter achtzig, und ein Ende des Wachstums war noch nicht abzusehen. Alexandra war zaundürr und trug auch Turnschuhe, im Sommer aber wenigstens Sandalen. Aber dem Vater wäre es fast lieber gewesen, wenn sie auch im Sommer die Turnschuhe getragen hätte, denn Alexandra hatte sehr große, flache, fleischige Zehen, bei denen der kleine Zeh fast so groß war wie der große. Christian, der Jüngste, zwölf Jahre alt, war vorerst normal. Allerdings trug auch er schon Turnschuhe.

Seit Christian vor zwei Jahren – mit etwas weniger Mühe als die beiden Größeren – ins Gymnasium gekommen war, hatte Frau Ballmann wieder zu arbeiten begonnen. Finanziell notwendig wäre das nicht gewesen, aber brauchen konnte man das Geld doch. Der Hauptbeweggrund war natürlich die Langeweile gewesen, die in Frau Ballmann Platz griff. So erinnerte sich Frau Ballmann eines Tages an ihre juristische Ausbildung. Zuerst bewarb sie sich bei einer Versicherung für die Rechtsabteilung. Sie wäre auch – obwohl sie nur eine Halbtagsarbeit suchte – genommen worden, aber Dr. Ballmann, der an und für sich beschlossen hatte, in der ganzen Sache das Wort nicht zu erheben, riet angesichts der unglaublich miesen Bezahlung, die den langen Weg in die Stadt kaum lohnte, ab. Ballmann vermittelte seiner Frau dann eine Stelle bei einem Rechtsanwalt, einem der wenigen, die sich hier heraußen in dem Vorort niedergelassen hatten.

Der Rechtsanwalt hieß Awuscheit.

Ballmann, der von sich behauptete, er sei, obzwar Jurist, nicht ohne weiterführende Gedanken, hatte einmal die Definition der *Liebe* versucht. Das war viele Jahre her. Das war in einer Zeit, wo er zwar schon Jura studiert hatte, aber noch lange nicht sicher war, daß er den Beruf des Juristen auch ausüben würde. Er hatte viele Pläne damals. »Die Liebe«, zu dem Schluß kam stud. jur. Ballmann damals, »ist nichts anderes als Geschlechtsdrang in Verbindung mit Eifersucht.«

Hie und da, namentlich in letzter Zeit, dachte Ballmann oft an die Hoffnungen und Gedanken seiner

Jugend. War diese Definition richtig? Ballmann hatte von Fällen erfahren, in denen sich der Geschlechtsdrang aus der Liebe völlig hinausgeschlichen hatte und nur die Eifersucht geblieben war, gepaart vielleicht mit Gewohnheit, mit der bindenden Kraft des Faktischen zweier ohne ersichtlichen Grund, aber eben schon jahrelang zusammengeketteter Leben.

Ein Richter erlebt viel. Als Vorsitzender einer Kammer nicht mehr so sehr, aber früher, als Ballmann als Assessor, als Staatsanwalt und als Amtsgerichtsrat noch an den juristischen Grabenkämpfen in vorderer Front teilgenommen hatte, da hatte Ballmann in viele schaudervolle Leben hineingesehen. Die Menschenkenntnis des Juristen ist zwangsläufig negativ, denn er sieht ja nur Leute, die in verzweifelten und ausweglosen Situationen sind, denen man etwas wegnehmen oder etwas, was ihrer Meinung nach ihnen gehört, nicht geben will, die man einsperrt oder denen man sonst etwas antut. Da entlarven die Seelen schamlos ihre Abgründe. Was ein Hautarzt dagegen an Unappetitlichkeiten sieht, ist nicht der Rede wert. Im Lauf seines Lebens kommt der Jurist, namentlich, wenn er Richter oder Anwalt ist, zu der Auffassung: die Leute sind alle und immer so, sie zeigen es sonst nur nicht.

So hatte auch Ballmann seine Erfahrungen gemacht. Er hatte Ehen gesehen, die nur noch aus gegenseitiger Eifersucht bestanden hatten. Der Fall Roth. Ballmann hatte ihn als Strafrichter zu verhandeln gehabt. Der Mann der Frau Roth, ein behäbiger Sechzigjähriger, der das ehrsame Gewerbe des reisenden Handelsvertreters ausübte, hatte neben der Frau eine

Freundin gehabt. Seiner Frau gegenüber tat er so, als
käme er immer erst am Freitagabend – rechtzeitig
zum *Kommissar* oder zu *XY ungelöst* – von der Reise
aus seinem fernen Vertreterbezirk zurück. In Wirklichkeit wickelte er die Geschäfte etwas schneller ab
und kam schon am Donnerstag. Die Zeit von Don-
nerstagabend bis Freitagabend verbrachte er bei seiner Freundin. Die Freundin war als Zeugin da. Ballmann konnte insgeheim vergleichen. Die beiden Damen waren fast gleichaltrig und gleich unansehnlich,
die Freundin vielleicht eine Idee greller geschminkt.
Beide hatten einen auffallend hüpfenden, wippenden
Gang. Vielleicht war es das, worauf Herr Roth ero-
tisch ansprang. Nun, auch Herr Roth – der ebenfalls als Zeuge geladen war, aber von seinem Zeug-
nisverweigerungsrecht Gebrauch machte – war kein
Apollo, aber warum hatte er sich akkurat den Typ
seiner Frau für die Freundin wieder gesucht? Aber
man hört sowas oft. Schon bei den Schustern gilt es
als Tugend, beim eigenen Leisten zu bleiben. Was
aber Ballmann völlig unverständlich blieb, und was
er auch in der Verhandlung nicht klären konnte: warum quälte Frau Roth diese Freundin bis aufs Blut?
Eines Tages war nämlich Frau Roth hinter das Verhältnis gekommen. Es hatte große Szenen gegeben,
die Weiber zerrten den armen Handelsvertreter hin
und her, der sich endlich in ein Magengeschwür ret-
tete und sechs Wochen in Kur ging.
In den sechs Wochen bombardierte die eheliche Alte
die außereheliche mit anonymen Briefen, mit Mord-
drohungen, mit Anrufen in der Nacht, schrieb Briefe
mit verstellter Schrift an den Chef der Rivalin und

was dergleichen Dinge mehr sind, die viel öfter vorkommen, als man denkt. Selbst als Roth zurück war, nicht nur hoch und heilig schwor, das Verhältnis abzubrechen, sondern das Verhältnis auch tatsächlich abbrach, hörte seine Frau nicht auf, der anderen die Hölle heiß zu machen. Eines Tages kam es natürlich auf, und die Ehefrau hatte ein Verfahren wegen Bedrohung, Nötigung und so weiter am Hals.

Warum in aller Welt macht sie das? überlegte Ballmann während der ganzen Verhandlung. Irgendeine erotische Beziehung, irgendein Rest an Liebe besteht zwischen diesem Roth und seiner Eheruine nicht mehr. Auch sie will ihn längst nicht mehr. Was verliert sie, wenn er mit der anderen schläft? Es war nicht zu ergründen. Einmal fragte Ballmann die Angeklagte danach. Sie sagte: »Es ist doch unmoralisch!«

Ballmann hatte sich in seinen Richterstuhl aus beigem Kunstleder, in dem man am Hintern so schwitzt, zurückgelehnt und eine seiner Testfragen gestellt, für die er eine Zeitlang bekannt war: »So«, sagte Ballmann, »sagen Sie mir, Frau Roth, und was ist das: Moral?«

Die Angeklagte war konsterniert. Der Verteidiger schaute etwas hilflos um sich.

»Wie meinen?« fragte die Angeklagte.

»Was ist *Moral*?«

»Weiß doch jeder«, sagte die Angeklagte.

»Nehmen Sie einmal an«, sagte Ballmann, »*ich* wüßte nicht, was Moral ist; wie würden Sie mir das erklären?«

»Ja –«, sagte die Angeklagte, »das, wenn *er* bei der Schlampe war, das war jedenfalls nicht Moral.«

Ballmann verurteilte die Frau zu einer milden Geldstrafe. Er verhängte nur deswegen keine hohe Geldstrafe, wie es seiner Meinung nach eigentlich richtig
gewesen wäre, weil die Strafe ja ohnedies nicht die
Verurteilte, sondern natürlich indirekt den Mann
traf. Keine Freundin mehr, Magengeschwür, Ehehölle
und dafür zahlte er noch. Aber der *Kommissar* am
Freitagabend und *XY ungelöst* würden ihm bleiben.
War Ballmann eifersüchtig? Manchmal ertappte er
sich dabei, wie er sich ein Verhältnis zwischen seiner
Frau und Rechtsanwalt Awuscheit ausmalte. Das Ge-
dankengemälde war eher erheiternd: Awuscheit war
ein junger und recht tüchtiger Anwalt, aber von
nachgerade abstoßendem Äußeren. Merkwürdigerweise kam er immer in alten Reithosen zu Gericht,
was noch angegangen wäre, wenn er dazu wenigstens
auch Reitstiefel getragen hätte. Er trug aber normale
Straßenschuhe. Mit der Robe über den Reithosen sah
er aus wie ein Frosch, der zum Sprung ansetzt. Awuscheit lispelte, hatte ganz lange strähnige Haare, be-
mühte sich vergeblich, sich einen Vollbart wachsen zu
lassen, außerdem hinkte er etwas. Aber wer weiß,
was eine Frau närrisch macht. Vielleicht hat Awuscheit schöne Augen? Auf die Augen hatte Ballmann
nie geachtet.
Übrigens hatte Ballmann den Anwalt nicht danach
ausgesucht, ob er eine erotische Gefahr für seine Frau
sein konnte oder nicht, sondern wirklich wegen der
ganzen Umstände: Awuscheit hatte seine Kanzlei in
der Nähe von Ballmanns Haus. Frau Ballmann
brauchte mit dem Auto keine fünf Minuten dorthin.
Awuscheit war tüchtig, aber seine Kanzlei war noch

nicht so groß, daß sie einen ganzen Sozius getragen hätte, aber zu groß für eine einzige juristische Arbeitskraft. So war allen Teilen gedient, daß Frau Ballmann dort eine Halbtagsstelle annahm, was so gehandhabt wurde, daß Frau Ballmann von Montag bis Freitag um neun Uhr hinfuhr, dort die Post erledigte, Schriftstücke verfaßte und Mandanten empfing, um halb eins dann wieder daheim war. Zu Gericht ging – in seiner Reithose – Awuscheit selber. Allerdings drängte Awuscheit in letzter Zeit Frau Ballmann, sie solle sich doch die Zulassung als Anwältin verschaffen, damit sie ihn gelegentlich auch vor den Gerichten vertreten könnte. Frau Ballmann wollte sich das überlegen.

Als Frau Ballmann – nun schon vollkommen angezogen und fertig, um in die Kanzlei Awuscheit zu fahren – das zweite Mal ins Schlafzimmer kam, lag ihr Mann immer noch im Bett und lachte.

»Hast du heute keine Sitzung?« fragte sie. »Ich muß jetzt gehen. Ich kaufe vorher noch ein. Was möchtest du heute abend? Ich habe mir gedacht: Sauerbraten und Nudeln. Oder hättest du lieber ein Steak?«

»Ja«, sagte Ballmann.

»Lieber Steak?«

»Nein«, sagte Ballmann, »oder ja. Mir ist es gleich.«

»Steak haben wir gestern erst gehabt. Dann wäre doch besser heute Sauerbraten?«

»Ja«, sagte Ballmann.

»Stehst du nicht auf? Hast du keine Sitzung? Also ich muß jetzt gehen. Wiedersehen. Bis heute abend.«

Babette ging hinaus. Sie war so schwer, daß die Treppe ächzte. Die Haustür unten schlug zu. Es wurde

33

mit einem Schlag still im Haus, und Ballmann wußte, nun war er allein. Im Haus seiner Großeltern, in dem er während des Krieges immer die Ferien verbracht hatte, war eine Standuhr gewesen. Wenn diese Standuhr – die die halben und ganzen Stunden schlug und mit einem leisen, angenehmen Perpendikel-Schlag ging – hier im Haus wäre, überlegte Ballmann, dann würde er jetzt den leisen Gang der Uhr hören, nachdem es im Haus so still geworden war. Wo war überhaupt diese Uhr jetzt? Die Großeltern – es waren die mütterlichen Großeltern gewesen, die väterlichen, die Ballmann-Großeltern hatte Ballmann nicht gekannt – hatten in Kufstein gelebt, in Tirol, etwas außerhalb des Ortes in einem dunklen, holzverkleideten Haus, das allerdings nicht ihnen gehörte, nur gemietet war. Der Großvater – Braunagel Ignaz hieß er – war bei der Bahn gewesen, damals eigentlich schon pensioniert. Gegen Ende des Krieges wurde er wieder dienstverpflichtet, als alle jüngeren Bahnbeamten, selbst diejenigen, die sich bis dahin drücken hatten können, zur Wehrmacht eingezogen worden waren.

Die Großmutter Braunagel hatte schon Angst um den Großvater, aber die Dienstverpflichtung war nicht so wild. Großvater Braunagel, der schon Rheumatismus hatte und alles mögliche, wurde nur für den Bürodienst eingesetzt. Ganz zum Schluß, als der sogenannte Heldenklau, das heißt: der Beauftragte des Ersatzheeres die u.k.-Gestellten aller Betriebe durchkämmte und nun auch die hartnäckigsten und geschicktesten Manipulanten zu den Waffen rief, übernahm Großvater Braunagel sogar die Aufgaben des

Fahrdienstleiters, obwohl er dazu gar nicht ausgebildet und ›laufbahnmäßig‹ nicht vorgesehen war.

Martin Ballmann war sehr beeindruckt, wenn er seinen Großvater in der ihm eigentlich nicht zustehenden roten Mütze, mit der Abfertigungskelle in der Hand und dem Pfeifchen im Mund sah. Selbst im April/Mai 1945 fuhren noch planmäßige Züge. Es war – im nachhinein, damals dachte der junge Ballmann sich gar nichts – erstaunlich. Seit 1943, genauer: seit August 1943 lebte Ballmanns Mutter bei ihren Eltern in Kufstein, weil man dort vor den Bomben sicherer war. Der Vater Ballmann – ein Virtuose in Unabkömmlichkeit, der es trotz blendender Gesundheit und obwohl er nicht Parteigenosse war, verstanden hatte, selbst in der letzten Phase des Krieges nicht zur Wehrmacht eingezogen zu werden – blieb in der Stadt, die offiziell nie evakuiert worden war. Allerdings war 1943 empfohlen worden, Frauen und Kinder aufs Land zu bringen. Irgendein schwachsinniger Larifari von der Partei, der offensichtlich auch im ›Totalen Krieg‹ nichts Besseres zu tun hatte, war im April 1943 zu Ballmanns gekommen und hatte ihnen »für den Fall der Fälle ein Notquartier in den für die Bevölkerung der Hauptstadt der Bewegung vorgesehenen Auffangräumen« zugewiesen. Dieser Auffangraum war ein kleiner Ort im Sudetenland. Frau Ballmann mit Sohn Martin wurde ein Zimmer mit Bad- und Küchenbenützung in einem Haus in Pelsdorf genannt. Das entsprechende amtliche Schreiben enthielt genau Straße und Hausnummer und Namen der Familie, der das Haus gehörte.

Vater Ballmann, der an den Führer glaubte, schrieb an die Adresse, um sich vorsorglich mit dem Auffangraum in Verbindung zu setzen. Der Brief kam zurück mit dem Vermerk, daß es die angegebene Straße nicht gäbe.

Schon vorher aber hatte Mutter Ballmann die Landkarte konsultiert, hatte Pelsdorf im Sudetenland als zu weit östlich empfunden, packte nach dem Ende des Schuljahres 1942/43 – für Martin die 4. Klasse Oberschule – die Sachen und zog zu ihren Eltern nach Kufstein. Vater Ballmann maulte zwar: die Partei und somit letzten Endes der Führer mache sich die Mühe, sorgfältige Pläne für die Evakuierung auszuarbeiten und zerbräche sich den Kopf über Auffangquartiere, und wo käme man hin, wenn dann doch jeder tue, was er wolle. Mutter Ballmann verwies nur auf den Brief, der aus Pelsdorf als unzustellbar zurückgekommen war, und dann sagte Vater Ballmann nichts mehr. Die 5. Klasse besuchte Martin im Gymnasium Kufstein.

Das Schuljahr 1944/45 – für Martin Ballmann die 6. Klasse – war, wie für die meisten Schüler jener Zeit, das angenehmste seines ganzen Lebens. Bereits im November/Dezember 1944 begann der Unterricht zu versickern. Im Februar 1945 hörte er ganz auf. Zwar wurde Martin als Angehöriger des Jahrgangs 1929 noch als Flak-Helfer eingezogen, aber die Ausbildung und der Dienst waren nicht mehr gefährlich. Die dünne Schicht des großdeutschen Nationalsozialismus hatte in Kufstein schon nach Stalingrad abzublättern begonnen. Unter ihr kam – ohne daß gewagt worden wäre, sie so zu nennen – die alt-österreichische

Mentalität wieder zum Vorschein. Martin Ballmann, wurde der besorgten Mutter Ballmann gesagt, werde zwar als Flakhelfer eingezogen, aber im übrigen werde man sehen.

Einer regelrechten Ausbildung und vor allem einem Einsatz des Flak-Helfers Ballmann und seiner Kameraden stand entgegen, daß es keine Uniformen und keine Flak mehr gab. Nur ein Bedienungsmodell in natürlicher Größe aus Holz war vorhanden, und auch das wurde im Lauf der Ausbildung defekt. Der einzige wirkliche Einsatz, an den sich Ballmann erinnern konnte, war die Verladung dieser Holzflak auf dem Bahnhof. Der ausbildende Luftwaffenoffizier hatte gesagt, auf der Holzflak sei noch eine Garantie bis Oktober 1945, und sie müsse daher ins Werk eingeschickt werden zur Reparatur. Das Werk war in Duisburg. Also wurde die Holzflak mit Sackleinwand umwickelt und mit Bestimmungsort Duisburg verladen. Großvater Ballmann, der gerade Dienst am Bahnhof hatte, stand daneben.

»In Duisburg«, sagte der Großvater zu dem Offizier, »sind seit voriger Woche schon die Amerikaner.«

Der Offizier schaute den Großvater bös an: »Woher wollen Sie wissen, daß Duisburg nicht zurückerobert wird?«

Der Großvater sagte nichts und fertigte den Transportschein aus. Übrigens kam die Flak im Herbst 1945 repariert nach Kufstein zurück. Das Werk lehnte aber die Annahme eines Garantiefalles ab, da das Modell offensichtlich mutwillig beschädigt worden sei, und legte eine Rechnung bei. Es gibt Vorgänge in der Welt, die sind eben absolut rätselhaft.

Die Rechnung wurde nie bezahlt. Die Holzflak, die zu groß war, als daß sie in der Lagerhalle des Bahnhofes Platz gehabt hätte und also im Freien stand, wurde bald in einer Nacht von Leuten gestohlen, die wahrscheinlich Bedarf an Brennholz hatten. Zu der Zeit war aber weder die Eigentumsfrage noch das Problem der zollamtlichen Behandlung für die Holzflak geklärt, was zu vielen Verwicklungen führte. Großvater Braunagel war damit allerdings nicht mehr befaßt, denn er war zu dem Zeitpunkt endgültig pensioniert.

Wo aber war die Standuhr heute? Womöglich wäre heute so eine Standuhr ein Wertgegenstand. Sie war vielleicht hundert Jahre alt. Martin Ballmann hatte sich damals nicht darum gekümmert. Mutter Ballmann war Ende Mai 1945 samt Martin von den neuen österreichischen Behörden rigoros als Reichsdeutsche über die Grenze abgeschoben worden. Die Großeltern Braunagel durften bleiben, weil sie nun wieder Österreicher waren. 1946 oder 1947 starben die Großeltern kurz nacheinander. Das war zu einer Zeit, in der ein Verkehr über die Grenze völlig ausgeschlossen war. Als Großvater Braunagel starb, war Mutter Ballmann in der Hoffnung nach Kiefersfelden gefahren, einen Passierschein zu bekommen, um an der Beerdigung ihres Vaters teilnehmen zu können. Die Grenzer aber waren unerbittlich. Es gelang nicht. Als die Großmutter bald darauf starb, versuchte die Mutter gar nicht mehr, hinüberzukommen.

Den Haushalt der Großeltern löste eine Schwester der Mutter Ballmann auf, die in Innsbruck lebte,

Tante Rosa. Später, als man wieder über die Grenze durfte, besuchten Mutter Ballmann und Martin (zu der Zeit schon Student der Rechte) das Grab der Großeltern in Kufstein und dann auch Tante Rosa in Innsbruck. Dort die Standuhr gesehen zu haben, erinnerte sich Ballmann nicht. Er hatte aber auch nicht darauf geachtet.

Sollte er statt des Messingbettes nur ein einfaches Bett vom Erlös des *Lehrbuches für Konkursrecht* kaufen und dazu eine Standuhr?

Dr. Ballmann schlief gegen neun Uhr kurz noch einmal ein. Er träumte davon, daß ihm ein Krieger eines Tartaren-Chans einen Pfeil in den Hals schoß. Merkwürdigerweise war es ein angenehmes Gefühl.

III

Es waren sechs Sachen angesetzt, davon vier als Sammeltermin um neun Uhr, weil es sich um einfachere Rechtsfälle handelte, zwei komplizierte Bau- und Abrechnungsprozesse waren für zehn Uhr beziehungsweise zehn Uhr dreißig terminiert und dazu eine Einstweilige Verfügung für elf Uhr, von der Dr. Ballmann bei der Terminbesprechung mit seinen Räten am Freitag gemeint hatte, daß man nicht wisse, ob diese Sache nicht womöglich in den Nachmittag hinein dauern würde. Es ging darum, daß ein Gewerbeoberlehrer einem Gebrauchtwagenmarkt verbieten lassen wollte, die angebotenen Gebrauchtwagen durch einen Scheinwerfer die ganze Nacht lang zu beleuchten, weil dieser Scheinwerfer nicht nur auf die Gebrauchtwagen, sondern auch in des Gewerbeoberlehrers Schlafzimmer schien. Beide Parteien hatten Zeugen aufgeboten, der Gewerbeoberlehrer für den unerträglichen Grad der Licht-Belästigung, der Gebrauchtwagenhändler dafür, daß das gar kein Scheinwerfer, sondern nur eine 100-Watt-Birne war, und daß die leuchten müsse, weil sonst die Wagen gestohlen würden.

»Womöglich«, hatte Ballmann gesagt, »muß man da sogar einen Augenschein machen.«

Kurz vor neun Uhr sperrte der Wachtmeister den Sitzungssaal auf, gleich darauf kam die Protokollführerin, eine junge Dame namens Altmann, blond, hübsch und für den Begriff ihrer Kolleginnen etwas zu frech, schleppte die Akten, ihr Protokollbuch, Bleistiftspitzer und was sonst noch notwendig war, mit sich, legte die Akten auf den Richtertisch, setzte sich selber auf ihren Platz seitwärts davon und schaute zum Fenster hinaus.

Der eine der Anwälte in der ersten Sache war inzwischen gekommen, betrat den Sitzungssaal, grüßte die hübsche Protokollführerin, setzte sich auf die Bank, entfaltete die *FAZ* und vertiefte sich in die Ergebnisse der gestrigen Landtagswahlen in Berlin (Sieg der SPD-FDP-Koalition) und in Rheinland-Pfalz (Mehrheit für die CDU).

Inzwischen war der Wachtmeister hinübergegangen, einige Zimmer weiter, und hatte an der Tür geklopft, neben der das Schild ›Dr. Ballmann. Vors. Richter‹ angebracht war. Der Wachtmeister wollte wie üblich melden, daß der Sitzungssaal aufgesperrt sei und fragen, welche Bücher und eventuell noch Akten in den Sitzungssaal zu bringen seien. Da sich im Zimmer niemand rührte, ging der Wachtmeister wieder. Der Wachtmeister nahm – mit gebührendem Respekt – an, daß der Herr Direktor Dr. Ballmann auf dem Klo sei. In Wirklichkeit, wie wir wissen, schoß in dem Moment ein Krieger des Tartaren-Chans dem Landgerichtsdirektor einen Pfeil in den Hals.

Der Wachtmeister ging zurück in den Sitzungssaal. Inzwischen war der andere Anwalt der ersten Sache auch gekommen, hatte auch seine Zeitung ausgebreitet, sich allerdings in die Ergebnisse der Bundesligaspiele vom Wochenende vertieft und namentlich in einen blumenreichen Kommentar eines Herrn Eisele, der eine neuerliche, unbegreifliche Niederlage seines Lieblingsvereins FC Bayern zu beschönigen versuchte, indem er die Gründe dafür in schlechten Platzverhältnissen, ungünstiger Witterung, nervlicher Belastung der Spieler infolge zu schweren Mittagessens, engstirnige Vereinsführung und mangelnde Begeisterung der Zuschauer suchte.

Eine normale Zivilkammer beim Landgericht besteht aus drei Richtern: dem Vorsitzenden und zwei Beisitzern, von denen einer der sogenannte Berichterstatter ist, der andere Beischläfer genannt wird. Der Vorsitzende heißt im Sprachgebrauch der Justiz Direktor, die Beisitzer heißen Räte, obwohl diese Titel seit längerer Zeit offiziell abgeschafft sind. Der Vorsitzende leitet die Sitzung. Von ihm wird erwartet, daß er den Fall und den Inhalt der Akten kennt. Jüngere und ehrgeizige Vorsitzende kennen den Akteninhalt in der Tat. Vorsitzende, die die Aussicht auf weitere Karriere aufgegeben haben, tun nur so, als kennten sie den Akteninhalt und spielen mit mehr oder weniger Souveränität Improvisation, was in der Regel durch mehrdeutige und sibyllinische Redensarten gelingt, auf die die Mehrzahl der Anwälte hereinfällt.

Dr. Ballmann hatte zwar die Hoffnung auf eine Karriere zumindest am Freitag noch nicht aufgegeben, dennoch war die Aktenkenntnis nicht seine Stärke. Er las zwar die Akten, verheddertе sich aber immer in unwichtige Details und vergaß alles rasch wieder. So mußte auch er sich oft mit Improvisation behelfen. Er hatte da ein Mittel, das nie versagte: den Kommissionsvertrag.

Das erste Mal hatte Ballmann den Kommissionsvertrag im Assessorexamen angewandt. Der Kommissionsvertrag ist ein eher abwegiges Rechtsinstitut aus dem Handelsrecht, das kaum geprüft wird und in Klausuren so gut wie nicht vorkommt, schon weil er den Prüfern selber nicht geläufig ist. Damals, im Oktober 1957, in dem schier endlosen, knochenzerreibenden Tunnel der vier Wochen schriftlichen Examens, hatte es einige Kollegen gegeben – immer gab es solche Kollegen –, die sich besonders groß hervortaten. Wanger hatte der schlimmste geheißen, erinnerte sich Ballmann. Wo der hingekommen war, hatte Ballmann nie erfahren. Zur Justiz war er jedenfalls nicht gegangen. Dieser Wanger war einer von denen, die in der Früh, in der aufreizenden Stimmung, wo man der Verteilung der Aufgaben entgegenfieberte, grad noch eine Zigarette mit zitternden Händen anzündete, nervös mit dem Stuhl rückte, während die Aufsichtsführenden geheimnisvoll und wichtig tuschelten und bald schon in die Hände klatschen würden: »Meine Damen und Herren, dann wollen wir mal –«, dieser Wanger war einer von denen, die da noch groß tönten, Gerüchte kolportierten über die enorme Schwierigkeit der heutigen Klausur, wie die vom Ministerium her durchgesickert wären, die todsichere Berechnungen anstellten, welches spezielle Problem heute drankommen müsse, weil es schon so und so lange nicht mehr drangekommen sei, die schnell noch die allerneuesten Aufsätze in der druckfrischen *Neuen Juristischen Wochenschrift – NJW* – lasen oder gar noch unveröffentlichte, brandneue BGH-Entscheidungen zitierten, kurzum, alle Kollegen mit schwächeren Nerven am Boden zerstörten. Nach den mörderischen sechs oder gar acht Stunden, wenn die meisten schweißgebadet oder im Gefühl, zu Staub zu zerfallen, hinausschlichen und keines Gedankens mehr fähig waren, schwoll der Kollege Wanger erst zur Vollform an. Er wußte genau, mit allen Feinheiten und juristischen Verästelungen, wie die Klausur hätte geschrieben werden müssen. Er nannte die Probleme und wie von den Korrektoren ganz klarerweise die Lösung erwartet würde. Er hielt mit seinem Wissen natürlich nicht zurück. Er stand am Ausgang des Saales und schmetterte seine absolut richtigen Ansichten, und daß wahrscheinlich außer ihm keiner erkannt habe, daß die Reichsgerichtsentscheidung im 16. Band Seite 244 selbstverständlich der springende Punkt dieser Klausur gewesen sei, in die vorbeiziehende Schar der Kandidaten.

Ballmann ärgerte sich. Er sah, daß schwächlicheren Kollegen fast die Tränen kamen, wenn sie jetzt, wo es zu spät war, von der selbstverständlichen Reichsgerichtsentscheidung erfuhren, an die sie nicht im Traum gedacht hatten, die sie überhaupt nicht kannten. In der zweiten Woche machte Ballmann einen Plan. Soviel Kraft hatte er selbst da noch. Er ging nach der letzten Klausur dieser zweiten Woche langsam mit all den anderen aus dem Saal hinaus, blieb aber draußen stehen, direkt bei Wanger, der wieder tönte. Es war selten, mußte Ballmann einräumen, daß ihm einer so schön in den Rundschlag gelaufen ist, wie der Herr Kollege Wanger. Einige bemitleidenswerte Kandidaten hatten sich um Wanger versammelt und hörten seinen überlegenen Ausführungen zu.

Als Wanger einmal Luft holte, fragte Ballmann in die akustische Lücke hinein: »Haben Sie das Problem auch unter dem Gesichtspunkt des Kommissionsvertrages geprüft, Herr Wanger?«

Der Kommissionsvertrag ist, wie gesagt, eine eher abseitige juristische Erscheinung, aber von einer leisen, unscheinbaren Problematik, bei der man nie sicher sein kann, ob sie nicht durch irgendeine Hintertür in den Fall hineinspielte. In der eben abgegebenen Klausur hatte nach menschlichem Ermessen der Kommissionsvertrag zwar keine Rolle gespielt, aber wer konnte das wirklich wissen?

Wanger stutzte – sein Gesicht verriet: an den Kommissionsvertrag hatte er nicht gedacht. Die Kollegen, die ihn umstanden, erholten sich ein wenig, wurden aufgerichtet.

»Den Kommissionsvertrag, Herr Wanger, Sie wissen, was ich meine?« sagte Ballmann.

Kollege Wanger wurde grün im Gesicht. Er sagte kein weiteres Wort mehr, drehte sich um und ging.

Am Montag, vor der nächsten Klausur, stürzte Wanger auf Ballmann zu. Voll Vorwurfs schimpfte er, daß er das ganze Wochenende die Klausur nochmals durchgeprüft habe, Kommentare gewälzt, in der Literatur nachgelesen. Von einem Kommissionsvertrag bei dem Fall vom Freitag könne keine Rede sein.

Ballmann zuckte mit den Schultern. Wanger schüttelte entrüstet den Kopf. Aber immerhin war zu bemerken, daß Wanger ein paar Tage lang weit zurückhaltender war. Erst gegen Ende des Examens gelangte er zu seiner ursprünglichen Form zurück.

Sonst war Ballmann ein eher nüchterner, zurückhaltender Vorsitzender, leitete die Verhandlung sachlich und – wie manche Anwälte meinten – nachgerade unpersönlich, um nicht zu sagen uninteressiert. Nie machte er auch nur die Andeutung einer persönlichen Bemerkung, selbst dann nicht, wenn er die beteiligten Anwälte sehr gut kannte; schon gar nie machte er einen Witz, wie gewisse andere Vorsitzende, die sich nicht genug tun konnten – meist auf Kosten der Parteien –, das leuchten zu lassen, was sie für ihren Geist hielten und nur zufrieden mit einer Sitzung waren, wenn Lachsalven durch den Saal rollten. So war Ballmann nicht, nur die Sache mit dem Kommissionsvertrag wandte er an, aber nur, wenn er im Augenblick gar nicht mehr weiter wußte. »Haben Sie«, fragte er dann meist den Klägervertreter, »die Sache unter dem Gesichtspunkt des Kommissionsvertrages geprüft?« Meist fielen die Anwälte darauf herein und senkten den Kopf, sagten zwar: »Ja, selbstverständlich«, und der Gegenanwalt sagte: »Da muß ich aber noch Stellung nehmen«, und die Sache wurde vertagt.

Die Kammern am Landgericht – auch Ballmanns Kammer, die 46. – bestehen büromäßig, also nicht als Spruchkörper, aus einem Vorsitzenden und drei, manchmal vier Räten. Das heißt, jede Kammer tagt abwechselnd in verschiedenen ›Sitzgruppen‹. Immer ist der Vorsitzende dabei – der dafür nie oder jedenfalls höchst selten selber ein Urteil fertigt – und reihum nach einem genau geregelten Turnus nehmen zwei der Räte teil. Als Berichterstatter wird derjenige Rat bezeichnet, in dessen Ressort die jeweils zu verhandelnde Sache fällt, der natürlich dann auch das Urteil entwirft und absetzt und der im Sitzungssaal dadurch kenntlich ist, daß er der Verhandlung relativ aufmerksam folgt, die Akten kennt und sich gelegentlich Notizen macht. Den anderen Beisitzer interessiert die Sache nicht, es ist ja keine von seinen Sachen, also schläft er. Daher der Name Beischläfer. Das Bild kann sich aber schon bei Aufruf der nächsten Sache wandeln, denn womöglich kommt jetzt eine Sache dran, die den bisherigen Beischläfer angeht, in der er zuletzt das Urteil wird machen müssen. Für den aufmerksamen Beobachter unverkennbar wacht der Beischläfer auf, beginnt nun seinerseits Notizen zu machen, während der andere Beisitzer langsam zurücksinkt bis nun er den Stand – wenn man so sagen kann – des Beischläfers erreicht hat und das Geplätscher der Verhandlung langsam an seinem wohlig desinteressierten Ohr vorbeirieselt.

Ballmanns 46. Zivilkammer war mit drei Räten bestückt. An dem Montag bestand die Sitzgruppe – oder hätte bestanden – aus Ballmann und den Richtern Welisch und Mittag. Welisch war ein fast zwergenhaft winziger Mann, der seine mangelnde Körpergröße durch eine enorm laute Stimme kompensierte. Wenn er in seinem Zimmer telephonierte – und er telephonierte oft –, hörte das Ballmann durch die Wände und das noch dazwischenliegende andere Zimmer. Welisch war eine Frohnatur, hielt sich zu Unrecht für einen guten Juristen und einen, wie er selber sagte, ›großen Macher‹. Er hatte eine Frau, die einen Kopf größer war als er und die – obwohl nicht Juristin – nach Meinung Welischs über erfrischende und

47

überraschende Rechtseinsichten verfügte. Welisch, der kaum andere Interessen als seinen Beruf hatte, erzählte Anni – so hieß Frau Welisch –, immer alle seine Fälle, und Anni wußte immer eine Lösung. Welisch referierte über Annis Meinung umschweifig auch in der Kammerberatung. Er hielt das allen Ernstes für hilfreich. Selbst in der Sitzung verplapperte er sich ab und zu, wodurch sich der Einfluß Annis auf Richter Welisch auch in Anwaltskreisen herumsprach. So kam es schon vor, daß ein Anwalt bei Anni daheim anrief, seinen Standpunkt der Sache darlegte und sich davon – vielleicht nicht zu Unrecht – eine bessere Wirkung versprach als von einem funkelnden Schriftsatz.

Der dritte der Räte Ballmanns, der jüngste, ein farbloser Mann namens Stubenmeier, war, so oft es ging, nicht da, machte seine Arbeit und redete kein überflüssiges Wort. Stubenmeier stand es offenbar nicht dafür, daß er seine Zeit mit Spötteleien im Dienst verschwendete.

Mittag war ein verklemmter, langer Mensch, der immer so schaute, als träte ihm grad jemand auf die Füße. Jahrelang hatte er seine Freizeit ausschließlich mit dem Grübeln über die Frage befaßt, ob er sich einen Bart wachsen lassen solle oder nicht. Seine Mutter war dafür, daß er sich einen Bart wachsen ließ, auch Mittag selber war an und für sich dafür, weil er unter seinem trotz seiner vierzig Jahre immer noch knabenhaften Gesicht litt, aber er fürchtete die Frage seiner Kollegen: »So, Herr Mittag, Sie lassen sich einen Bart wachsen?«

Nach langem Hin und Her ließ er sich dann einen

Bart wachsen, einen richtigen Vollbart, der sehr schön wucherte, aber merkwürdigerweise Mittags Gesicht um nichts erwachsener machte. Er sah jetzt aus wie ein Gymnasiast, der in *Schneewittchen* den ersten Zwerg spielt, trotz seiner Länge. Die Fragen: »So, Herr Mittag, Sie lassen sich einen Bart wachsen?« quittierte Mittag mit einem Blick, als ob man ihm auf beide Füße zugleich getreten sei.

Mittag war Junggeselle. Die bedeutendste Rolle in seinem Leben spielte seine Mutter. Sie rief gelegentlich sogar bei Ballmann an und bat ihn nachzusehen, ob Heiner – so hieß Mittag – auch wirklich den warmen Pullover angezogen hatte.

Mittag war also auch nicht der Mensch, der Welisch und den Rechtsmeinungen seiner Anni mit Ironie entgegentreten konnte. Nur Ballmann selber fragte hie und da, wenn man bei der Kammerberatung in einer schwierigen Frage in Hitze geraten war, unvermittelt: »Und, Herr Welisch, was sagt Anni dazu?« Welisch bemerkte den Spott nicht. Es konnte vorkommen, daß er die Frage nicht nur ernst nahm, sondern sogar unverzüglich zum Telephon stürzte, Anni anrief, ihr laut, durch zwei Zimmer hörbar, den Fall auseinandersetzte und dann, mit Annis Meinung gewappnet, zurückkam.

Es gibt mehrere Möglichkeiten für einen Vorsitzenden, seine Beisitzer vor der Sitzung um sich zu versammeln. Wenn es neben dem Sitzungssaal ein abgetrenntes Beratungszimmer gibt, ist es üblich, daß man sich dort trifft. Die Beratungszimmer aber sind bei der Raumnot im Justizpalast weitgehend abgeschafft. Auch Ballmanns Sitzungssaal hatte keins. Demokra-

tische Vorsitzende gehen, wenn sie kein Beratungszimmer haben, an den Zimmern ihrer Räte vorbei,
klopfen, strecken den Kopf hinein und nehmen so die
Räte mit. Mehr autoritäre lassen entweder durch den
Wachtmeister oder per Telephon die Räte zu sich ins
Zimmer kommen und marschieren dann in geschlos-
sener Formation in den Sitzungssaal. Ballmann hatte
es so eingerichtet, daß die Räte kurz nach neun vor
dem Sitzungssaal auf ihn warteten. Gelegentlich war
sogar er, Ballmann, als erster am Sitzungssaal. Er
empfand es nicht als unter seiner Würde, da eine Mi-
nute zu warten oder zwei.

Heute warteten Welisch und Mittag, und zwar lange.
Welisch redete von unten her auf Mittag ein. Welisch
redete immer auf irgendwelche andere Leute ein. Welisch erzählte von einem Zimmerbrand, der gestern,
am Sonntag, *beinah* in seinem Haus ausgebrochen sei.
Anni konnte ihn im letzten Augenblick löschen, das
heißt, nicht so sehr löschen als verhindern. Welisch
maß allem, was ihm und seiner Familie im Guten
und im Schlechten zustieß, überdimensionale Bedeutung bei. Zwei Jahre lang – so lange wie Mittag überlegt hatte, ob er sich einen Bart wachsen lassen solle
oder nicht – hatte Welisch ein Einfamilienhaus gebaut. Er versorgte in der Zeit alle ihm erreichbaren
Leute mit erschreckenden, alarmierenden, ja furcht-
erregenden Nachrichten von den enormen Schwierigkeiten, auf die der Bau dieses Einfamilienhauses stieß.
Man hatte den Eindruck, daß noch nie im ganzen
Lauf der Zeiten ein anderes Einfamilienhaus errichtet worden sei, und als habe sich die ganze Welt gegen diesen Bau verschworen. »Ich kann Ihnen sagen«,

war eine Redewendung, die Welisch häufig gebrauchte, oder: »Ich kann Ihnen flüstern«, was ein reiner Hohn war angesichts der Lautstärke, in der Welisch diese Dinge von sich gab. Und jetzt, kaum daß man eingezogen war, dieser Zimmerbrand – beinahe. Ein Zimmerbrand, der im Haus Welisch beinahe ausgebrochen wäre, rangierte, wenn man Welisch zuhörte, in der Weltskala der Katastrophen noch weit höher als eine Feuersbrunst, die eine ganze Stadt vernichtete. »Ich kann Ihnen flüstern«, sagte Welisch, »es war natürlich, wie ich nachher sofort festgestellt habe, eine Steckdose, die dieser Verbrecher von Elektriker falsch geerdet hat. Nach der Sitzung werde ich ihn gleich anrufen –«

Inzwischen kam der Wachtmeister unverrichteter Dinge vom Zimmer Ballmanns zurück.

Der eine Anwalt, der nun die Berichte über die Wahlausgänge fertig gelesen hatte, kam unvorsichtigerweise aus dem Sitzungssaal heraus, um zu schauen, ob es nicht bald losgehe. Sofort ergriff ihn Welisch beim Jackenknopf und erzählte die Geschichte mit dem beinah ausgebrochenen Zimmerbrand noch einmal.

»Wo ist der Direktor?« fragte Mittag.

»Der Herr Direktor«, sagte der Wachtmeister, »ist nicht in seinem Zimmer. Ich nehme an, daß der Herr Direktor –«, der Wachtmeister hüstelte, »*irgendwo* hingegangen ist.«

Mittag war schwer von Begriff. Er verstand die dezente Umschreibung des Wachtmeisters nicht. »*Wohin?*« fragte er.

»Na ja, Herr Rat«, sagte der Wachtmeister, »*dahin*

51

eben. Wo auch der Kaiser zu Fuß hingeht.« Der Wachtmeister lächelte submissest.

Landgerichtsrat Mittag war mit den Gewohnheiten der Kaiser nicht vertraut – es gibt ja auch kaum noch welche, einen in Japan und den vertriebenen Bokassa aus Afrika, der aber eher in die Kategorie der politischen Hanswurste gehört. »Ich versteh' nicht«, sagte er ernst, »*wo* ist der Direktor hingegangen?«

»Ins –«, flüsterte der Wachtmeister, »ins – also, Sie verstehen –«

»Nein«, sagte Mittag.

»Ins Häusl.« Mittag, der alles wörtlich nahm, verstand immer noch nichts. »Aufs Klosett«, sagte der Wachtmeister ganz leise.

»Ach so«, sagte Mittag. Er schaute auf die Uhr: es war zehn nach neun. Mittag verschränkte die Arme und ging – vornübergebeugt – mit langen Schritten den Gang auf und ab. Erster Zwerg – in schwarzer Robe –, auf Schneewittchen wartend.

Der dritte Anwalt, einer der Parteienvertreter für die zweite Sache, kam nun. Welisch zog sofort den dritten Anwalt zu sich heran, um die Geschichte mit dem um ein Haar ausgebrochenen Zimmerbrand ein weiteres Mal zu erzählen. Er ließ den anderen Anwalt aber nicht aus, rief ihn quasi zum Zeugen zwar nicht für die Vorgänge im Haus Welisch an sich, aber dafür an, daß diese Vorgänge horrend waren.

Es ging auf zwanzig nach neun. »So lang ist er noch nie auf dem Häusl gesessen«, sagte der Wachtmeister, ein altgedienter Beamter, zu sich selber, »so lang ist nicht einmal der alte Herr Direktor Rudlberger auf'n Häusl gesessen, der wegen Verdauungsbeschwerden vorzeitig pensioniert worden ist.« (Tatsächlich, was der Wachtmeister aber nicht wußte, waren bei Direktor Rudlberger die Verdauungsbeschwerden mit dem Tag der Pensionierung wie weggeblasen gewesen. Rudlberger, der zu der Sorte von Richtern gehörte, die nicht gern in Pension gehen, meldete das sofort, um seine Reaktivierung zu erlangen. Aber offenbar war man froh, ihn los zu sein. Das Gesuch wurde abschlägig beschieden mit der ja auch naheliegenden Begründung, daß eine Reaktivierung nicht gewagt werden könne, weil zu befürchten sei, daß damit die Verdauungsbeschwerden wieder auftreten könnten.) »Daß ihm nicht womöglich was passiert ist«, sagte der Wachtmeister für sich. Er ging in das dem Zimmer Ballmanns nächstgelegene Klosett und horchte hinein. Er hörte nichts. Zwei der drei Kabinen – die waren der Öffentlichkeit zugänglich – waren, überzeugte sich der Wachtmeister, unbesetzt. Die dritte Kabine war den Justizangehörigen vorbehalten und war nur mit einem Schlüssel von außen zu öffnen. Der Wachtmeister ging in das Wachtmeisterzimmer, holte den Wachtmeister-Klosettschlüssel und versuchte unter einer leichten Verbeugung, die dritte Tür aufzusperren. Eine Indiskretion war ausgeschlossen, denn wenn der Direktor drin saß, mußte ja dessen Schlüssel innen stecken und von außen ein Schlüssel gar nicht ins Schloß gehen. Er ging aber ins Schloß. Der Wachtmeister sperrte auf. Auch diese Kabine war leer.

»Ein Rätsel«, murmelte der Wachtmeister. Er ging auf die Geschäftsstelle der 46. Zivilkammer. Von den beiden Damen war die ältere damit beschäftigt, mit einer Pinzette die verdorrten Blätter von einem gewaltigen, fast das ganze Fenster ausfüllenden Christusdorn zu klauben, die jüngere damit, ihre Fußnägel zu lackieren. Die ältere Dame fuhr, als der Wachtmeister die Geschäftsstelle betrat, in ihrer Tätigkeit, nachdem sie sich umgeblickt, fort. Die jüngere nahm den Fuß vom Schreibtisch und schraubte das Nagellackfläschchen zu.

»Guten Morgen«, sagte der Wachtmeister, »sagen Sie –«, er senkte seine Stimme, »– wo geht denn der Herr Direktor Ballmann aufs Klo?«

Die ältere Dame – Fräulein Demharter – drehte sich ruckartig um. »Wie bitte?«

»Ja, nein«, sagte der Wachtmeister, »weil er jetzt schon fast eine halbe Stunde auf dem Klo sitzt.«

»Der Herr Direktor?« fragte Fräulein Demharter.

»Wenn ich es Ihnen sage. Jetzt ist es fast halbe zehne!«

»Aber es ist doch Kammersitzung?« sagte Fräulein Demharter.

»Eben!« sagte der Wachtmeister. »Und es ist schon fast halbe zehne. Und er sitzt immer noch auf dem Klo. Wahrscheinlich –«, breitete er nun seine Theorie aus – er war kriminalistisch nicht unbeleckt, weil er immerhin einige Jahre auch Wachtmeister beim Strafgericht gewesen war, »– wahrscheinlich war, wie er um neune aufs Klo gegangen ist, beziehungsweise gehen wollte, das Klo da drüben besetzt, und er ist auf ein anderes Klo, wobei sich«, er glitt ins Amtsdeutsch, »nunmehr die Frage erhebt: in welches? Es kommen mehrere in Frage.«

»Nehmen S' den Generalschlüssel, Frau Segel«, sagte

Fräulein Demharter, »und schauen S' nach im Zimmer vom Herrn Direktor.«

»Ich kann im Moment meine Schuhe nicht anziehen«, jammerte Frau Segel und zeigte auf das Nagellackfläschchen.

Fräulein Demharter, die der Legio Mariae angehörte und Zeit ihres Lebens glücklich gewesen war, ohne sich die Fußnägel zu lackieren, legte ihre Pinzette weg, warf Frau Segel einen vorwurfsvollen Blick zu, nahm den Generalschlüssel und ging hinaus. Der Wachtmeister folgte ihr.

Fräulein Demharter klopfte, den Schlüssel in der Hand, an Ballmanns Tür. Als keine Antwort kam, sperrte sie auf. Der Wachtmeister warf seinen kriminalistisch geschulten Blick umher und sah sofort, daß Ballmanns Kloschlüssel ruhig am Kleiderständer hing. Auch Fräulein Demharter sah den Schlüssel.

»Er ist ja gar nicht auf dem Klo«, sagte sie.

»Dann«, sagte der Wachtmeister, »dann ist mir das alles ein vollkommenes Rätsel.«

Fräulein Demharter machte Ballmanns Schrank auf. Dort hing Ballmanns Richterrobe.

»Seine Robe hängt ja noch drin«, sagte Fräulein Demharter. »Und sein Mantel hängt *nicht* drin. Er ist noch gar nicht dagewesen.«

»Dann«, sagte der Wachtmeister tiefsinnig, »dann sitzt er daheim auf dem Klo?«

Fräulein Demharter schüttelte mißbilligend den Kopf, wobei nicht völlig klar war, ob ihre Mißbilligung dem Fehlen Ballmanns oder der Theorie des Wachtmeisters galt.

Fräulein Demharter sperrte Ballmanns Zimmer wieder ab und ging, gefolgt vom Wachtmeister, in das Zimmer der Geschäftsstelle zurück. Frau Segel unterbrach wieder ihr Lackieren.

»Sind Sie nicht bald fertig?« fragte Fräulein Demharter. Dann griff sie zum Telephon. Die private Telephonnummer Ballmanns wußte sie auswendig. Sie ließ es zwei, drei Minuten lang läuten, dann hängte sie ein.

»Es meldet sich niemand«, sagte sie. »Wie spät ist es jetzt?«

»Dreiviertel zehn«, sagte der Wachtmeister.

Fräulein Demharter zuckte mit den Schultern und wandte sich wieder ihrem Christusdorn zu. Der Wachtmeister ging kopfschüttelnd hinüber zum Sitzungssaal, wo inzwischen schon fünf Anwälte warteten (einer, Dr. B., las die *Neue Zürcher*), die langsam unruhig zu werden begannen, obwohl sie immer noch mit der Schilderung von Welischs verhinderter Feuersbrunst unterhalten wurden.

Ballmann hatte – er lag immer noch im Bett – das Läuten des Telephons gehört, war aber nicht hingegangen.

IV

Um 11 Uhr 15, pünktlich wie jeden Werktag, gingen
die Herren Heuberger, Hurlmüller und Bendix ge-
messenen Schrittes und mit verhaltener Eile von ihren Dienstzimmern in die Kantine. Der Vorgang war
bis in kleinste Einzelheiten geregelt. Heuberger, der
sein Zimmer im ersten Stock am äußersten westlichen
Ende des Korridors hatte, rief um 11 Uhr 10 Hurlmüller an, der im dritten Stock (im Ministerial-Stock-
werk) tätig war, oder vielmehr seit 11 Uhr 05 nicht
mehr so tätig war, sondern auf den Anruf Heuber-
gers wartete.
Heuberger pflegte zu sagen: »Also, Max, packen
wir's?« Worauf Hurlmüller stereotyp antwortete:
»Wird gemacht.« Daraufhin begab sich Heuberger
um 11 Uhr 12 nach Absperren desselben und nachdem er den linken Fensterflügel halb geöffnet hatte
(es war ja März, erst vom 1. 4. ab bis einschließlich
30. 9. öffnete er den Fensterflügel ganz), aus seinem
Dienstzimmer, klopfte an der drittnächsten Tür, am
Dienstzimmer Bendix, der ebenfalls bereits auf dieses
Signal wartete und »Jawohlja!« schrie. Heuberger
öffnete daraufhin die Tür, ging aber nicht hinein,
steckte nur den Kopf hinein und sagte: »Also, Helmut, packen wir's?«, worauf Bendix sein »Jawohlja!«
wiederholte. Auch Bendix öffnete einen Fensterflügel
zur Hälfte, klemmte allerdings – um das Zuschlagen
zu verhindern – eine ausgesonderte, durch das viel-

fache Einklemmen schon deformierte Ausgabe des *Kommentars zum Gerichtskostengesetz* zwischen den geöffneten und den nicht geöffneten Fensterflügel. Daraufhin versperrte auch Bendix sein Dienstzimmer. Beide Herren – Heuberger und Bendix – begaben sich sodann über die große Treppe im Lichthof in das Parterre, wo sie um 11 Uhr 13 ankamen und wo gegen 11 Uhr 14 Hurlmüller mit dem Lift von oben kam, so daß sich um 11 Uhr 15 die drei Herren vereinigten und ihre Schritte in Richtung der Kantine lenkten.

Die drei Herren Heuberger Ernst, Hurlmüller Max (eigentlich: Maximilian) und Bendix Helmut gehörten der tragenden Mittelschicht der Justiz an, dem ›Gehobenen Dienst‹, waren also aus der Inspektorenlaufbahn hervorgegangen und saßen an den Schaltstellen der Rechtspflege. Bendix war Amtmann, Hurlmüller Oberamtmann und der Älteste, Heuberger, sogar Amtsrat.

Von Dienstag bis Freitag führte der Weg der drei Herren vom Lift direkt zur Kantine, am Montag wurde ein Zwischenhalt an einem winzigen, leicht zu übersehenden, aber von Wichtigkeit nur durch die Oberjustizkasse übertroffenen Schalter eingeschoben, der in einen der riesigen Tragpfeiler des Treppenhauses eingelassen war: die Verkaufsstelle für die Kantinenmarken.

Die drei Herren reihten sich in die Schlange der Wartenden ein – wobei hier keine Regel über die Reihenfolge eingehalten wurde –, entnahmen ihren in der Gesäßtasche ihrer meist braun-grauen oder grünbraunen, oft nicht der herrschenden Mode entsprechenden Anzüge (»Maßkonfektion, gute Qualität, muß aufgetragen werden –«) aufbewahrten Brieftaschen die Berechtigungskarte zum Bezug der Kantinenmarken und aus der Geldtasche einen entsprechenden Betrag, um die Marken für die laufende Woche zu erwerben.

Heuberger und Bendix erwarben je fünf Marken, Hurlmüller erwarb zehn, denn er verfügte über *zwei* Berechtigungskarten, über seine eigene und über die seines Zimmernachbarn, des Amtmannes Reiter, der Diät halten mußte und, anstatt in der Kantine zu essen, in seinem Dienstzimmer zwei Tomaten, einen Brathering und einen geschälten Apfel einnahm, welche Nahrungsmittel er in einer – durch die lange Dienstzeit an vielen Stellen eingebeulte – Aluminiumdose mit eingelassenem, herausklappbarem Traggriff von zu Hause mitbrachte. An und für sich ist die Berechtigung zum Bezug der Kantinenmarken nicht übertragbar, aber es kontrolliert ja niemand.

Der Erwerb der Essensmarken nahm etwa vier bis acht Minuten in Anspruch, so daß also die dem Gehobenen Dienst – oder, etwas umgangstonhaft und ungenau ausgedrückt: dem Rechtspflegerstand – angehörenden Herren sich an Montagen nach einem weiteren Fußmarsch von zwei Minuten zwischen 11 Uhr 22 und 11 Uhr 26 in der Kantine zu Tisch begaben, an den anderen Tagen der Woche um vier bis acht Minuten früher, und zwar – wenn es irgend ging – immer an denselben Tisch, zumindest an einen Tisch des Reviers der von ihnen bevorzugten, an sie gewöhnten Kellnerin.

Der Rechtspflegerstand und der Richterstand liegen miteinander in Fehde. Die bessere Position haben die

Rechtspfleger, was sie aber nur einem Umstand verdanken, den sie zwar nicht offen, aber heimlich bekämpfen und zu durchlöchern versuchen: der vorgeschriebenen, festen Dienstzeit. Die haben die Richter nicht, oder besser gesagt: einer solchen unterliegen die Richter nicht, denn Richter sind zwar, was die finanzielle Ausstattung, die Altersversorgung, die übrigen sozialen Errungenschaften wie Urlaub und Beihilfe, das Disziplinarrecht und andere, mehr äußerliche Dinge, den Beamten angenähert oder gleichgestellt, aber *Beamte* sind Richter nicht. Staatsanwälte sind Beamte, Richter sind Richter. Das geht auf einen von den sogenannten Vätern des Grundgesetzes leichtfertig und achtlos in die Verfassung aufgenommenen Artikel (es ist der mit Nummer 97, Absatz 1), in dem scheinbar ganz harmlos die demokratische Selbstverständlichkeit verankert wurde, daß die Richter unabhängig und nur dem Gesetz verantwortlich seien. Aus dieser konstitutionell verankerten Unabhängigkeit haben nun die Richter in seltener, so stiller wie starker Einmütigkeit messerscharf geschlossen, daß ihnen niemand irgend etwas vorschreiben kann, kein Minister und kein Vorgesetzter, ja, daß sie nicht einmal einen Vorgesetzten haben. Insbesondere aber haben sie keine feste Dienstzeit. Dem Richter kann auch niemand vorschreiben, wann er in der Früh kommt und wann er nachmittags geht. »Nur dem Gesetz und dem Gewissen unterworfen ...« Wollte ein Frevler wagen, einen Richter zu fragen, warum er erst um halb elf ins Büro kommt und um zwei Uhr schon wieder geht, wird der Richter mit eiserner Stirn entgegenhalten – selbst der verklemmte Landgerichtsrat Mittag würde das tun –: »In keinem Gesetz steht, wann ich zum Dienst kommen muß, und mein Gewissen befiehlt mir für heute, daß halb elf Uhr früh genug ist. Und weil Sie so dumm daherreden, komme ich morgen überhaupt nicht.«

Auch das geht: einen, zwei Tage überhaupt nicht kommen. Zur Ehre vieler Richter sei gesagt, daß sie in diesen Tagen daheim nicht auf der faulen Haut liegen. Die räumlichen Verhältnisse in der Justiz sind verheerend (nur die Rechtspfleger haben genug Platz), kaum ein Richter hat ein Zimmer für sich allein. Also behilft sich mancher damit, daß er sein Diktiergerät mit nach Hause nimmt und die Akten und daheim seine Urteile absetzt. Ein Grenzfall ist natürlich gegeben, wenn einer eine Woche lang überhaupt nicht kommt. Was dann passiert, ist noch nicht erforscht, denn meistens lassen es nur ganz schlaue, stille Richter, deren Fehlen niemand auffällt, soweit kommen. Fällt es aber doch auf, weigert sich der Präsident des Gerichts, den Fall zur Kenntnis zu nehmen. Der Gerichtspräsident ist schließlich auch ein Richter und hat ein Interesse daran, daß an den Grundfesten der extensiv ausgelegten Unabhängigkeit nicht gerüttelt wird. Der betreffende Richter bekäme also einen schwarzen Punkt auf die Innenseite des Deckels zu seinem Personalakt und würde nicht mehr befördert. Aber wenn einer eine Woche einfach nicht zum Dienst geht, ist davon auszugehen, daß ihm das ohnedies Wurst ist.

Die Rechtspfleger oder Angehörigen des Gehobenen Dienstes – vulgär die Inspektoren genannt – sind Beamte. Die Entwicklung und Nivellierung der Besoldung in der Justiz hat es mit sich gebracht, daß die Inspektoren, namentlich in den höheren Rängen, nicht mehr recht viel weniger als die meisten Richter verdienen. Aber: sie sind Beamte, daher weisungsgebunden und haben eine feste Dienstzeit. Das heißt: sie sind um halb acht Uhr da, oder sollen jedenfalls da sein, dürfen erst um vier Uhr wieder gehen, am Freitag um drei Uhr. Fünf Minuten oder vielleicht sogar eine Viertelstunde wird toleriert, aber recht viel mehr geht schlecht, da paßt schon einer auf den anderen auf.

Der Rechtspflegerstand hat sich aus der Institution der Gerichtsschreiber entwickelt. Ursprünglich ganz untergeordnete Organe, deren Hauptaufgabe es war, die Protokolle zu fertigen, die Urteile mit Federkiel und Tinte zu schreiben, die Mausefallen im Amtsgebäude aufzustellen und dem Richter die Brotzeit zu holen, arbeiteten sie sich nach und nach in der Pyramide der Justiz von innen her nach oben. Die Protokolle fertigt heute eine Protokollführerin, die Urteile tippt eine Schreibkraft von der Tonträgerfolie des Diktiergeräts, die Mausefallen stellen die Gehilfen des Hausmeisters auf, und die Brotzeit muß sich der Richter selber holen. Der Rechtspfleger übt heute eine Art niedere Chirurgie der Gerechtigkeit aus. Er verhält sich zum Richter so wie früher der Dentist zum Zahnarzt. Die Dentisten haben es geschafft, sie sind per Gesetz Zahnärzte geworden. Die Rechtspfleger haben es noch nicht geschafft, obwohl sie ständig daran werken und drehen. Es wird mit allen möglichen Argumenten gearbeitet und der Richter-Verein treibt Gegenminen mit anderen Argumenten dagegen vor,

nur ein Argument bleibt ungesagt: daß die Rechtspfleger, die Inspektoren, der Gehobene Dienst also,
den Richtern vor allem die freie Dienstzeit neidet.
Dabei erkennen die Rechtspfleger bei all dem nicht,
daß sie mit diesen Bemühungen am Ast sägen, auf
dem sie sitzen. Ihre ganze Macht, ihr Einfluß, die
Tatsache, daß sie den äußeren Rahmen der Justiz
praktisch allein bestimmen, verdanken sie allein der
Tatsache, daß sie um halb acht Uhr immer schon da
sind. Wenn es um die Verteilung der Zimmer geht:
der Inspektor ist um halb acht Uhr da und nimmt
sich das schönste. Für den Richter, der erst um Viertel
nach neun kommt, bleibt nur die ehemalige Besen-
kammer. Wenn neue Schreibtische eintreffen: der Inspektor nimmt sich um halb acht den besten zur Seite.
Als Ballmann noch Staatsanwalt war, hat er um einen
fahrbaren Untersatz für das Diktiergerät nachge-
sucht, denn er mußte das Gerät mit seinen zwei Zim-
merkollegen teilen, und es wäre einfacher gewesen,
wenn man das Gerät – es waren alte, schwere Dinger,
damals – wenigstens von einem Arbeitsplatz zum anderen hätte rollen können, statt es tragen zu müssen.
Ballmanns Gesuch wurde befürwortet. Ballmann
wartete. Der Rollenuntersatz kam nicht. Das heißt,
er kam schon, aber der Inspektor der Abteilung nahm
ihn um halb acht Uhr an sich und stellte einen Blu-
mentopf drauf, der entsprechend dem Sonneneinfall
im Lauf des Tages dem Fenster entlanggeschoben
werden mußte.

Die Bedienung stellte unaufgefordert, kaum daß die
drei Herren sich gesetzt hatten, vor Amtsrat Heuber-

ger einen Apfelsaft hin, vor Oberamtmann Hurlmüller einen sogenannten Spezi, ein bräunlich-trübes Getränk aus Coca-Cola und Limonade gemischt, in dem ein Zitronenschnitzchen schwimmt, und vor Amtmann Bendix ein kleines Bier.

Die Kantine der Justiz ist eine, man kann schon fast sagen, vorbildlich demokratische Einrichtung. Bei der Justiz gibt es nicht, wie bei den großen Banken, bei den Versicherungen oder den Verwaltungsgebäuden der Industriekonzerne abgestufte Kantinenschichten: schlichte Abfütterungsanlagen mit Selbstbedienung und Resopaltischen für Stenotypistinnen, Sachbearbeiter und Büroboten, eine Caféteria für Prokuristen und Abteilungsleiter (Blattpflanzen, Teppichboden und Polsterstühle) und ein Casino für die Direktion und distinguierte Gäste (edelholzgetäfelt, gedeckte Tische, Blumenschmuck), bei der Justiz werden alle Ränge in den gleichen Räumen mit einheitlichem Service verköstigt. Der Oberlandesgerichtspräsident sitzt am gleichen, unter Umständen sogar am selben Tisch wie der Verwalter der Asservate (Besoldungsgruppe A 5 oder höchstens A 6), der staubbedeckt aus seiner Asservatenkammer, wo er Mordwaffen, Totenköpfe mit Einschußlöchern, beschlagnahmte Pornographie und eine betrügerisch erschlichene, nach Aburteilung eingezogene Zahnprothese geordnet, registriert und in Regale abgelegt hat.

Eine gewisse sozialgestufte Umschichtung ergibt sich dennoch, was auch mit der unterschiedlichen Dienstzeitregelung zusammenhängt. Die Justizangestellten, der Mittlere und der Gehobene Dienst, also alle, die schon um halb acht Uhr angefangen haben, kriegen früher Hunger als die Richter. Von elf Uhr bis zwölf ungefähr gehört die Kantine den Angestellten und Beamten, zwischen zwölf und halb eins vermischt es sich, und ab halb eins sind im wesentlichen die Richter unter sich.

Die Bedienung brachte die Suppe für die Herren, zwei Suppen, denn Amtmann Bendix aß keine, wegen der Linie.

»Der Ballmann«, sagte Amtsrat Heuberger, »ist heute nicht gekommen.«

»Welcher Ballmann?« fragte Hurlmüller schlürfend.

»Der Direktor Ballmann«, sagte Heuberger, »von der 46. Kammer.«

»Und?« fragte Bendix mit einem leicht vorwurfsvollen Unterton in der Richtung: soll das vielleicht auch eine Neuigkeit sein?

»Ja, nein«, sagte Heuberger, »obwohl Kammersitzung ist, wäre – das heißt: gewesen wäre. Ist er einfach nicht gekommen.«

»Das sollte unsereiner sich erlauben«, sagte Bendix.

»Urlaub? Oder hat er die Sitzung vergessen?« fragte Hurlmüller.

»Er hat keinen Urlaub, und ob er die Sitzung vergessen hat, weiß man natürlich nicht. Der Rat Welisch hat gesagt, am Freitag, bei der Besprechung hat er's noch gewußt.«

»Krank?« fragte Bendix.

»Ans Telephon gegangen ist er jedenfalls nicht. Ich habe bei ihm daheim angerufen. Hat sich nicht gerührt.«

»Vielleicht –«, sagte Hurlmüller, »– vielleicht hat's ihn erwischt. R-sss-t. Wie alt ist er?«

»Fünfzig«, sagte Heuberger, »ich hab' nachgeschaut. Gestern ist er fünfzig geworden. Komisch. Genau gestern.«

»Fünfzig«, sagte Hurlmüller, der gern Sendungen über Gesundheit im Fernsehen anschaute, »fünfzig ist ein gefährliches Alter. Da kann es leicht sein, daß es einen erwischt. Herzinfarkt. Dann kann er natürlich nicht mehr ans Telephon gehen.«

»Gestern?« fragte Bendix, »gestern ist er fünfzig geworden?«

»Ja«, sagte Heuberger.

»Dann hat er wahrscheinlich gefeiert und heute hat er einen Kater«, sagte Bendix.

»Wie wir«, sagte Hurlmüller, »den Europa-Pokal gefeiert haben, da habe ich am nächsten Tag wenigstens angerufen. Das ist man dem Dienst doch schuldig. Aber die Herren Richter –«

»Natürlich«, sagte Heuberger.

»Natürlich«, sagte Bendix.

Die Bedienung sah, daß die zwei ihre Suppe aufgegessen hatten und kam eilig an den Tisch – eilig, weil sich der Betrieb in der Kantine seinem ersten Höhepunkt näherte – und fragte: »Und? Was essen die Herren?«

In der Regel stehen vier bis fünf Speisen zur Auswahl, davon ein Diätessen ›mit Aufschlag‹ (das heißt: es muß zur Essensmarke noch etwas dazugezahlt werden) und eine Süßspeise.

Amtsrat Heuberger wählte Ochsenfleisch mit Ei, Oberamtmann Hurlmüller nach kurzem Abwägen ebenfalls, warf seinen Entschluß aber um und entschied sich für den ›Aufschlag‹: Kotelette mexikanisch.

Amtmann Bendix entschloß sich zu einem Gericht mit dem rätselhaften Namen ›Schallenberger Durchmarsch‹.

»Was ist denn das?« fragte Bendix dann doch zur Vorsicht.

»Pichelsteiner, ungefähr«, rief die Bedienung im Enteilen.

»Und –?« fragte Bendix danach, »was war dann?«

»Nichts war«, sagte Heuberger. »Die Anwälte haben genörgelt, gegen elf hat der Rat Welisch gesagt, daß die Sitzung nicht stattfindet. Aber –«, fuhr er fort, drehte den Teller mit Ochsenfleisch und Ei bedächtig in die zur Nahrungsaufnahme bestgeeignete Position und begann das Fleisch zu zerteilen, »– aber so ganz auf sich beruhen wird man die Sache nicht können –«

»– können lassen«, sprang Hurlmüller bei.

»– lassen können«, berichtigte Bendix.

»– lassen können«, wiederholte Heuberger und schob die erste Portion zerteiltes Ochsenfleisch mit dem Messer in den Mund. »Aber meine Sache ist das nicht. Obwohl ich, wenn der Herr Landgerichtspräsident fragt, natürlich die Sachlage wahrheitsgemäß schildern muß. Wenn ich gefragt werde. Sonst natürlich nicht. Von mir aus sag' ich nichts. Man weiß ja nie!«

»Von sich aus«, sagte Bendix, »sagt man am besten nie was.«

»Nie«, pflichtete Hurlmüller bei.

Das Gespräch wandte sich dann anderen Dingen zu. Nachdem das Hauptgericht gegessen war, bestellte Hurlmüller für sich und Neuberger mit Hilfe der leicht illegalen zusätzlichen Essensmarke je eine halbe

Süßspeise. Bendix bestellte eine Tasse Kaffee. Als das alles konsumiert war, zahlten die Herren die Getränke und gingen.

Gegen zwölf Uhr – hier war keine exakte Zeitplanung möglich, weil der Ablauf des Essens von nicht beeinflußbaren Faktoren (Größe der Portionen, Zähigkeit des Fleisches, Publikumsandrang und dadurch verursachte Verzögerung in der Bedienung, Unterhaltungswert der Gespräche) abhing – standen die Herren wieder vor dem Lift und verabschiedeten sich.

Dabei sagte Heuberger stets den tiefsinnigen Satz, der weit in die Seele eines Amtrates hineinblicken läßt: »Wenn das Essen vorbei ist, wirkt der Nachmittag um so länger.« Dann trennten sich die Herren.

Amtsrat Heuberger fand übrigens noch an diesem Nachmittag Gelegenheit, sich vom Landgerichtspräsidenten nach den horrenden Vorgängen bei der Sitzung oder vielmehr der nicht stattgehabten Sitzung der 46. Zivilkammer fragen zu lassen und eine verhaltene, wenn auch gepfefferte Antwort und Sachdarstellung zu geben, die mehrfach mit der Äußerung »– wenn ein Beamter des Gehobenen Dienstes sich so etwas zuschulden kommen ließe –!« gewürzt war.

Daß die Sache dem Landgerichtspräsidenten zu Ohren kam, war auf die zuletzt anberaumte Sache der ausgefallenen Sitzung zurückzuführen. Notwendigerweise wäre die Affäre nicht – oder jedenfalls in diesem Stadium noch nicht – nach oben gedrungen. Die Anwälte der in der Sitzung abzuhandelnden Verfahren murrten zwar, nahmen aber dann – der eine oder andere nicht einmal ohne Erleichterung, weil damit noch Zeit für neue, womöglich gewinnbringende Komplikationen erreicht war – zur Kenntnis, daß demnächst auf dem Büroweg neuer Termin anberaumt würde.

Die Landgerichtsräte Welisch und Mittag waren auch nicht unglücklich über die entgangene Arbeit.

Übrigens – was Amtsrat Heuberger entweder nicht wußte oder in seiner Schilderung als unwesentliches Detail überging – hatte Welisch noch versucht, die Sitzung zu retten. Gegen halb elf Uhr hatte er den dritten Beisitzer der Kammer, der als Dienstältester stellvertretender Vorsitzender war, den Richter Stubenmeier daheim angerufen. Frau Stubenmeier war am Apparat und hatte erst nach langem Zureden des hörbar aufgeregten Welisch dazu bewegt werden können, ihren Mann ans Telephon zu holen. Nach geschlagenen zehn Minuten – Welisch schrie immer wieder »Hallo! Hallo!« in die Sprechmuschel und meinte schon, die Verbindung wäre unterbrochen – kam Stubenmeier an den Apparat.

Welisch schilderte in einem Ton, als berichte er den Untergang der ›Titanic‹, den Vorfall und schlug vor, daß Stubenmeier kommen und den Vorsitz übernehmen solle. Stubenmeier sagte nichts.

»Hallo – hallo! Sind Sie noch dran, Herr Stubenmeier?« brüllte Welisch.

»Eher nicht«, sagte Stubenmeier mißmutig.

»Heißt das, Sie kommen nicht?«

»Eher schon«, sagte Stubenmeier.

»Aber irgendwie müssen wir die Sitzung, stellen Sie sich das einmal plastisch vor – irgendwie –«

»Wie spät ist es jetzt?« unterbrach Stubenmeier.

»Dreiviertel elf«, sagte Welisch.

»Eben«, sagte Stubenmeier. »Bis ich jetzt umgezogen bin und dann losfahre, und bis ich dort bin – nein: vor zwölf Uhr kann ich nicht da sein. Das hat keinen Zweck. Vielleicht kommt Herr Ballmann doch noch. Warten S' halt noch ein bißchen.«

Nach der Geschäftsordnung hätte dann der dienstjüngste Richter des Landgerichts als Vertreter zugezogen werden müssen. Der wäre zwar noch gelangweilter als ein kammerangehöriger Beischläfer während der Sitzung in seinem Sessel gehangen, aber immerhin wäre die Kammer vollzählig gewesen. Diese Konstellation hätte Welisch nicht schlecht gefallen, denn so hätte er, Welisch, endlich einmal den Vorsitz führen dürfen. Welisch erkundigte sich bei der Präsidialgeschäftsstelle, wer dieser dienstjüngste Richter war. Es war, erfuhr er, unglücklicherweise ein Richter einer Strafkammer. Die Strafkammern des Landgerichts befinden sich nicht im Justizpalast, sondern draußen in einem neuen, großen Justizgebäude, dem Strafjustiz-Zentrum. Dennoch rief Welisch dort an. Aber der betreffende Dienstjüngste war grad in einer Sitzung seiner eigenen Kammer.

Wieder rief Welisch in der Präsidialgeschäftsstelle an, um den zweit-dienstjüngsten Richter zu erfragen. Der war im Haus. Welisch rannte hin. Als dieser junge Kollege erfuhr, worum es sich drehte, packte er schnell seine Sachen zusammen, sagte, er sei eben auf dem Weg nach Hause, wo er eine nächste Woche zu verkündende Entscheidung zu diktieren habe, und entfloh.

Da gab Welisch auf. Den dritt-dienstjüngsten Richter suchte er nicht mehr, zog seine Robe aus und schickte die Anwälte heim. Nicht heimschicken ließ sich der Gewerbeoberlehrer der Einstweiligen Verfügungssache. Der Gewerbeoberlehrer schimpfte, forderte Gerechtigkeit, wies darauf hin, daß er seine ganze Hoffnung auf den heutigen Termin gesetzt habe und nun nicht wieder heimgehen wolle in seine von dem brutalen Scheinwerfer der Gebrauchtwagenfirma entstellte Wohnung. Der Anwalt des Gewerbeoberlehrers versuchte seinen Mandanten zu besänftigen, worauf der Gewerbeoberlehrer stante pede dem Anwalt das Mandat entzog und zum Landgerichtspräsidenten stürzte, das heißt: zu stürzen versuchte.

Richter Welisch hatte die Tür seines Zimmers hinter sich geschlossen und war damit beschäftigt, seine weiße Krawatte abzubinden, als der Gewerbeoberlehrer ohne anzuklopfen die Tür aufmachte und erregt fragte: »Wo ist der Landgerichtspräsident?«

»Wenn Sie nicht sofort schauen, daß Sie verschwinden, lasse ich Sie abführen!« schrie Welisch.

Der Gewerbeoberlehrer haute die Tür zu, daß es dröhnte, und lief seinem (ehemaligen) Anwalt nach.

»Wo finde ich den Landgerichtspräsidenten?« rief der Gewerbeoberlehrer.

Der Anwalt, ohne sich umzudrehen, sagte: »Sie haben mir das Mandat entzogen, dann können Sie auch den Landgerichtspräsidenten selber suchen.«

Der Gewerbeoberlehrer lief dann eine Zeitlang wütend durch die Gänge, las die Aufschriften an den Türen, fand aber die Präsidialgeschäftsstelle nicht. Erst nachdem er sich etwas beruhigt hatte, kam er auf die Idee, beim Wachtmeister am Eingang des Justizpalastes zu fragen. Der wies ihm den Weg.

Nach einigem Antichambrieren gelang es dann dem Gewerbeoberlehrer tatsächlich, zum Präsidenten vorzudringen und ihm den Fall vorzutragen. Der Präsident ist solche Querulanten gewöhnt. Er strahlte die dafür vorgesehene Ruhe und Würde aus und sicherte, ohne vorerst Stellung zu beziehen, weitere Überprüfung zu.

Einigermaßen befriedigt begab sich daraufhin der Gewerbeoberlehrer nach Hause.

V

Oft hatte Ballmann gehört, im Alter nehme das
Schlafbedürfnis ab. Sein Vater litt längst unter dem,
was Ballmann greisenhafte Bettflucht nannte. Ballmann selber wartete – bisher vergeblich – darauf, daß
die Lust am Schlafen von ihm weiche.

Er lag im Bett und hörte das Telephon unten im Kor-
ridor vor dem Wohnzimmer läuten, hörte es und
brauchte – zu seinem Erstaunen – keine Neugierde
zu unterdrücken, ließ es läuten, registrierte befriedigt,
daß das Läuten aufhörte, und drehte sich auf die andere Seite. Auf die Uhr schaute er nicht. Er schlief
aber auch nicht mehr ein.

War es zu früh – im Alter von fünfzig Jahren und
einem Tag – auf die greisenhafte Bettflucht zu warten? Die Lust an anderen Dingen, die in jüngeren
Jahren ein Männerleben bereichern, hatte ihn vor
einiger Zeit schon verlassen. War das an Babette gelegen, weil sie so dick wurde im Lauf der Ehe? Oder
mußte sich Ballmann sagen: so groß konnte die Lust
und so männlich das Leben nicht gewesen sein, wenn
er dem Versanden dieser Dinge so wenig nach-
trauerte?

Als er bei der Firma ›Südbremse‹ gearbeitet hatte –
als Werkstudent kurz nach der Währungsreform –,
hatte er jeden Tag um halb sechs Uhr aufstehen müssen. Er mußte mit dem Fahrrad quer durch die Stadt
vom Färberbach bis Geroldshofen fahren, einen gan-

zen Sommer lang. Zum Glück regnete es in jenem
Sommer sehr wenig. Viele Arbeiter fuhren damals
mit dem Fahrrad zur Arbeit; es war noch nicht so wie
heute. Hunderte von Fahrrädern standen in einem
eigens abgeteilten Hof der Fabrik unter Wellblech-
dächern in schrägen Schienen, auf die man die Fahrräder stellen und oben einhängen konnte. Ein paar
Dutzend hatten ein Motorrad. Wer von den Arbei-
tern ein Auto hatte, galt als eine Art Rennfahrer und
genoß hohes Ansehen, wofür ihn ebenso hohe Schulden drückten. Die Arbeiter mit den Fahrrädern oder
den Motorrädern fuhren natürlich nicht nur im Sommer so zur Arbeit, sondern das ganze Jahr, auch im
Regen, bei Schnee und Eis. Die Arbeiter waren entsprechend ausgerüstet. Sie hatten Kleppermäntel, die
man vorn über die Lenkstange schnallte. Sie hatten
Südwester und zwei Hosenbeine aus Klepperstoff, die
man über die eigentliche Hose ziehen und um die Fes-
seln zusammenknöpfen konnte. Oben wurden diese
Klepperhosenbeine in den Gürtel eingehängt oder mit
langen Bändern kreuzweis um den Leib geschnürt.
Die Arbeiter waren wasserdicht ausgerüstet. Für
Ballmann lohnte sich die Anschaffung dieser kost-
spieligen und – wie Ballmann gestand – unschönen
Ausrüstung nicht, wo er nur einen Sommer lang als
Aushilfe für den Werksboten arbeitete. Mit der Stra-
ßenbahn – zweimal umsteigen und dann noch ein
Stück mit einem Omnibus – hätte er fast zwei Stunden gebraucht. Da hätte er statt um halb sechs schon
um fünf aufstehen müssen, hätte zum Fenster hinaus-
schauen müssen, ob es regnet, wenn nicht, hätte er sich
noch eine halbe Stunde hinlegen können, aber wer

weiß, was in der halben Stunde zwischen fünf und
halb sechs mit dem Wetter passierte. Nein, er ris-
kierte es, naß zu werden, und siehe da, es ging. In
dem Sommer regnete es fast nie, und wenn, dann
nicht zwischen sechs und sieben in der Früh und zwischen vier und fünf Uhr nachmittags.

Sechs Wochen hatte der eigentliche hauptamtliche
Werksbote Urlaub, denn der war kriegsversehrt und
hatte Anspruch auf mehr Urlaub als andere Arbeiter.
Er hatte nur einen Arm. Nein, es waren alles in allem
sieben Wochen, denn eine Woche lang mußte Ballmann mit dem eigentlichen Werksboten mitgehen, um
die Pflichten und die Route kennenzulernen. Die
Route führte zweimal – einmal vormittags, einmal
nachmittags – durch das ganze Werk, von der Direk-
tionsetage des Verwaltungsgebäudes, wo es Doppel-
türen gab und Teppiche, über die Prokuristen und
Abteilungsleiterebene bis zur Materialüberwachung,
den Buchhaltungen, wo immer mehrere Leute in kar-
gen Zimmern saßen, dann zu den Materialausgaben
und technischen Zeichnern, wo in freudlosen Sälen
reihenweise Männer und Frauen arbeiteten, die aber
immerhin noch *Angestellte* waren, und wo es Blattpflanzen auf den Registraturschränken gab und die
Wände mit Postkarten geschmückt waren, die die Angehörigen der Abteilung ihrer Abteilung aus dem Urlaub schrieben. Dann ging es über Außenstellen – den
Sanitätsraum, das Zeichnungsarchiv, den Pförtner – in
die Niederungen der Fertigung: zu den Werkstatt-
schreibern, die ihre Schreibtische in schmutzigen Glas-
verschlägen, lärmumtost inmitten der Hallen hatten.
Später ging es wieder hinaus, Ballmann mußte übers

Freigelände stapfen, über Eisenbahnschienen steigen: zur Modellschreinerei, zur Güterabfertigung, zur Schmiede, ganz zuletzt wieder zurück ins Verwaltungsgebäude, wo er in der Kantine seine schwere, lederne Botentasche abstellen und Mittag machen durfte.

So schlimm hatte sich Ballmann, als er bei der studentischen Arbeitsvermittlung den Job ›Werksbote‹ annahm, die Sache nicht vorgestellt. Das Schlimmste war nicht die schwere Tasche – obwohl ihm die ungewohnte Last manchmal fast die Schulter abdrückte oder die Balance kostete –, war nicht der Fußmarsch, den er täglich zurücklegen mußte (eine Route, hatte der eigentliche, der einarmige Werksbote erzählt, das habe einmal einer im Baubüro ausgerechnet, mache 7,8 km aus, also der ganze Weg mit der zentnerschweren Tasche täglich 15,6 km), sondern die Bosheit der Angestellten und Arbeiter.

Der einarmige Werksbote hatte ihn am letzten Tag der Einarbeitungswoche gewarnt: »Sie werden dir's zur Hölle machen«, hatte er gesagt, »aber denk dir nichts. Sie verstehen es nicht besser.« Ein schwacher Trost. Dann hatte der Einarmige die schwere Tasche für sechs Wochen abgelegt und war die Hände waschen gegangen, vielmehr: die eine Hand. Auch das hatte Ballmann damals gelernt, wie ein Einarmiger die Hand wäscht. Der Werksbote hatte eine kleine Spezialbürste dabei mit einem Saugnapf am Rücken. Mit der bürstete er etwas Seife herunter, bis es schäumte, klebte dann die Bürste ans Waschbecken und schrubbte die Hand. Dann spülte er den Schaum ab, auch von der Bürste, und steckte sie wieder ein.

Sie machten ihm das Leben zur Hölle. Selbstverständlich kam es ab und zu vor, das ist gar nicht anders zu machen, auch bei einer von der Firma ›Südbremse‹ großzügig bemessenen Einarbeitungszeit von einer Woche, daß der Aushilfswerkbote Ballmann Briefe, Zettel, Anweisungen, Akten, Vorgänge verwechselte, die falschen mitnahm oder an der falschen Stelle abgab. Aber darüber hinaus schoben sie auch alles auf Ballmann. Wenn irgendwo ein Zettel fehlte, eine Akte nicht aufzufinden war, ein Brief in der Ablage nicht gefunden wurde: das hatte alles der Hilfswerksbote verschuldet. Immer war alles ordnungsgemäß abgeschickt worden und war nie bei der betreffenden Stelle angekommen: logisch, der Werkstudent hatte es versiebt. Ballmann wurde im Lauf der sechs Wochen der Sündenbock für alles. Er hatte den Eindruck, daß in der ›Südbremse‹ viertausend nachgerade peinlich korrekte Leute schafften, deren Arbeit durch einen einzigen entweder schlampigen oder unfähigen Werksboten zunichte gemacht wurde. Ballmann – geschwächt durch das frühe Aufstehen, die schwere und ungewohnte Arbeit – war nicht in der Lage, die Sache mit Humor zu tragen, sich etwa zu erkundigen, ob der Umsatz der ›Südbremse‹ schon zurückgegangen sei, ihre Aktien an der Börse schon im Sinken begriffen waren. Ballmann, niedergedrückt durch die schwere Tasche, die er durch die Fabrik schleppen mußte, war in Verzweiflung verstrickt.
Da half ihm einer auf. Eine einzige Stelle gab es, deren Belegschaft sich in diesem Sumpf werktätiger Lemuren menschlich zeigte, die Schmiede, ausgerechnet die Schmiede. Anfangs schreckte Ballmann immer

77

eher davor zurück, die Schmiede zu betreten, weil es dort beißend nach Karbid stank. Die Schmiede war ganz draußen im Freigelände, ein altes – vielleicht das älteste – Gebäude des ganzen Baukonglomerats, weit hinter dem Lager an der Mauer, hinter der schon ein paar Bäume sichtbar waren, sozusagen der Kulminationspunkt in Ballmanns Route. Drei Leute arbeiteten in der Schmiede. (Es war auch eine der kleinsten Anlaufstellen Ballmanns.) Ein Lehrling, mit dem Ballmann kaum zu tun hatte, ein alter Schmiedemeister und ein Geselle. Die Schmiede bekam nur ganz wenig Post und hatte nur selten irgendein Schriftstück mit auf den Weg zu geben, trotzdem sagte der Geselle zu Ballmann schon das zweite oder dritte Mal, als er allein kam: »Setz dich doch hin – streck die Füß' einen Moment aus.«
Hinter dem riesigen Kessel, in dem das Feuer toste und krachte, hatten sich die drei Schmiede einen Verschlag gebaut, der von außen nicht zu sehen und der innen fast zu einer Art Wohnzimmer eingerichtet war. Sogar ein Sofa war dort. Die Tür zur Schmiede hatten die drei so schwer und knarzend gemacht, daß selbst der tiefste Schläfer im Verschlag aus seinem Schlaf aufschreckte, wenn jemand kam. Auch ein Kühlschrank war in dem Verschlag. Mit der Zeit bildete sich eine Erholungspause von einer halben Stunde für Ballmann heraus, und er bekam immer ein Bier und oft sogar eine Brotzeit angeboten. (Die Zeit holte Ballmann dann durch Geschwindschritt wieder herein.) Hie und da – mehr am Anfang – machte Ballmann einen Anlauf, anzubieten, das Bier und die Brotzeit zu zahlen.

»Was studierst du?« fragte der Meister.

»Jura«, sagte Ballmann.

»Dann wirst du einmal hier Direktor«, sagte der Meister. »Und dann zahlst du uns eine Brotzeit.«

»Mit Sekt und Kaviar«, fügte der Geselle hinzu.

»Und Weiber«, sagte der Lehrling.

Einmal klagte Ballmann sein Leid über die Bosheit der Leute im Betrieb, die jeden Fehler ihm in die Schuhe schoben.

»Klar«, sagte der Geselle, »du bist der letzte. Irgendeinen derwischt's. Den letzten. Das bist du.«

»Ja, ja –«, sagte Ballmann. »Ich mach' das sechs Wochen, von denen drei schon vorüber sind, und dann hoffentlich nie mehr in meinem Leben. Ich frage mich nur: wie hält das der eigentliche Werksbote aus, der Einarmige?«

»Der Einarmige«, sagte der Geselle, »ist nicht der letzte. Im Gegenteil: der Einarmige ist schon lang im Betrieb. Der kauft jedem, der motzen möchte, die Schneid ab. Außerdem behauptet er, daß er sich an jeden Zettel erinnert, wo er ihn hingebracht hat. Und wenn einer anfangen möchte zu schreien, dann schreit der Einarmige noch lauter. Er schreit am lautesten. Es gibt keinen, der lauter schreit als der Einarmige. So kauft er ihnen die Schneid ab. Irgendwie muß man sich durchsetzen. Aber *du* – du bist eben der letzte. Prost.«

Der Geselle war dann auf die Idee gekommen, wie sich Ballmann rächen könnte. Es war am Montag oder Dienstag von Ballmanns letzter Woche bei der ›Südbremse‹ gewesen. Ballmann setzte seine schwere Tasche ab und warf sich aufs Sofa im Wohnverschlag der Schmiede. Der Meister war nicht da, der Lehrling kehrte vorn Asche zusammen oder irgend etwas, der Geselle saß im Verschlag in einem Korbsessel. (Das war eine Neuerwerbung: der Geselle hatte ihn vor einigen Tagen auf einem Haufen Bauschutt gefunden. Er war schadhaft, aber ein Schmied kann sich helfen. Der Korbsessel wurde in mehreren Arbeitsstunden zwar – vom Korbflechterstandpunkt – unfachmännisch, aber dauerhaft zurechtgeschmiedet.) Der Geselle grüßte Ballmann, indem er mit dem Zeigefinger an den Rand seiner Mütze tippte. Ohne aufstehen zu müssen, erreichte der Geselle von seinem geschmiedeten Korbsessel aus den Kühlschrank, nahm eine Flasche Bier heraus und warf sie Ballmann zu, der sie grad noch auffangen konnte.

»Prost«, sagte der Geselle.

»Prost«, sagte Ballmann.

»Du«, sagte der Geselle, »jetzt bist du nur noch diese Woche da?«

»Ja«, sagte Ballmann und setzte dazu an, zu erklären, daß er zwar froh wäre, die schwere Botentasche loszuwerden, daß ihn aber die Trennung von diesem heimeligen Verschlag hinter dem Kessel mit dem infernalischen Feuer schmerzen werde, aber der Geselle hatte mit solchen Sentimentalitäten, wahr oder nicht, nichts im Sinn. Er grinste verschmitzt und entwickelte seine Idee davon, wie sich Ballmann rächen könnte. Der Lehrling, sagte der Geselle, brauche davon nichts zu wissen, den gehe das nichts an, und wenn der nichts wisse, könne er auch nichts weitertratschen. Dem Meister würde die Idee sicher sehr gut gefallen.

So wurde es dann auch gemacht. Als Ballmann das letzte Mal, auf der zweiten Tour am Freitag, mit seiner Botentasche in die Schmiede kam, warteten der Meister und der Geselle schon. Den Lehrling hatten sie weggeschickt zur Materialausgabe, etwas holen. Ballmann gab einen Zettel, einen einzigen Zettel dem Schmiedemeister. Der war für ihn bestimmt, die letzte dienstliche Handlung Ballmanns in der Schmiede. Dann zog Ballmann bündelweise Schriftstücke aus seiner – für eine halbe Stunde noch *seiner* – Botentasche. Sie – Ballmann, der Meister, der Geselle – wählten aus und stellten zusammen: weiße Papiere, gelbe, rosarote, blaue, halbe und ganze Bogen, dünne und dickere, mit Maschine beschriebene, bedruckte, handschriftliche Vermerke, Vorgänge mit der Aufschrift: *Eilt!* oder *Eilt sehr!* oder *Dringend!* oder *Sofort!,* einen mit dem Vermerk: *Eilt wirklich!,* Briefe, Durchschläge, Abrechnungen, Korrespondenzen, wichtige, ja lebens- und betriebswichtige Unterlagen, kostbar wie Juwelen, unwiederbringliche buchhalterische Schätze, papierene Pulsadern des Unternehmens. Der Meister öffnete die schwere Ofentür. Die höllische Glut loderte, daß man kaum hineinsehen konnte. Der Geselle legte die Papiere auf eine Schaufel, holte aus und feuerte den Packen hinein. In einem Husch, der keine Sekunde dauerte, verpuffte das Papier. Der Meister warf die Ofentür zu.
Der Geselle grinste. »Nach menschlichem Ermessen«, sagte er, »bricht jetzt am Montag der Betrieb zusammen.«
»Wenn nicht noch heute«, sagte der Meister.
Die ›Südbremse‹ brach nicht zusammen, jedenfalls

stand nichts davon in der Zeitung. Auch die Aktien des Unternehmens sanken nicht. Solche bürokratischen Vorgänge sind rätselhaft. Das Verschwinden eines einzigen Blattes mit Zahlen konnte, das hatte Ballmann mehr als einmal erfahren, zu krampfartigen Zuckungen des Sachbearbeiters, zu Tränenausbrüchen der Sekretärin, zu Schüttellähmungen des Abteilungsleiters führen. Das jeweils verlorengegangene Blatt war unersetzlich und zum weiteren Fortbestand der Firma unerläßlich. Und was führte die – wie Ballmann einräumte – böswillige und strenggenommen sogar strafbare Vernichtung eines ganzen Konvoluts solcher administrativer Lebensnerven herbei? Nichts.

Nur noch einmal – das war kurz nachher damals – führte Ballmann der Weg an der ›Südbremse‹ vorbei, außen, nur an der Mauer entlang. Ein Jahr war vergangen seit der Verbrennung. Ballmann machte unter Umgehung einer Zivilprozeß-Vorlesung bei Professor Rosenberg – dem berühmten Rosenberg, Leo mit Vornamen, dem Verfasser des bedeutenden Lehrbuches und Inhabers einer einzigartigen Aleppobeule – mit einigen Kommilitonen einen Fahrradausflug. Ballmann erzählte angesichts der Fabrikmauer die Sache. Die Kommilitonen lachten. Die Fabrik stand noch. Soweit man sehen konnte, arbeitete man drin auch noch.

Viele Jahre später, Ballmann war schon Landgerichtsdirektor, kreuzte die ›Südbremse‹ wieder seinen Lebensweg, diesmal als Partei eines Prozesses, der vor Ballmanns Kammer anhängig war. Ballmann verkniff sich in der Verhandlung einen Hinweis.

Auf die greisenhafte Bettflucht zähle er dereinst, hatte der Geselle in der Schmiede gesagt. Das Aufstehen in der Früh sei so entsetzlich – praktisch jeden Tag verschlafe er, komme nur unter Aufbietung aller Kräfte aus dem Bett, er könne da machen, was er wolle, jeden Tag sei das gleiche Theater: verwechselte Schuhe, hastig gewürgtes und geschlürftes Frühstück, Hetze, Eile, schlechte Laune, der hinderliche Verkehr auf der Straße, verpaßte Straßenbahnen, heraushängende Zunge, hinstürzen zur Stechuhr in allerletzter Sekunde – es sei kein Leben. Der Meister, ein abgeklärter Mann, habe ihn mit dem Eintreten der greisenhaften Bettflucht getröstet, die das alles mit einem Schlag löse. Man stehe dann gern auf. Wann das komme? habe der Geselle gefragt. Das sei bei jedem Menschen anders, habe der Meister geantwortet. Jetzt sei er sechsunddreißig, hatte der Geselle dann erzählt, er warte stündlich auf das Eintreffen der greisenhaften Bettflucht, leider merke er noch keine hinweisenden Anzeichen.

Ob der Geselle – an dessen Namen Ballmann nicht mehr die leiseste Erinnerung hatte – inzwischen zur Ruhe der greisenhaften Bettflucht eingekehrt war? Wie lang war das her? Fast dreißig Jahre, rechnete Ballmann aus. Dann war der Geselle sechsundsechzig Jahre alt, schon ein Rentner. Vielleicht trieb ihn jetzt die ersehnte Bettflucht in aller Früh aus den Federn in einen traurigen Tag hinein, mit dem er nichts anfangen konnte?

Ballmann schaute auf die Uhr: es war Viertel nach zehn. Er hörte in sich hinein: er spürte, daß er jetzt lieber aufstehen würde als weiter liegenbleiben. War das nun das ersehnte erste Anzeichen der greisenhaften Bettflucht? Es regnete immer noch. Ballmann hörte es an den raschen, hämmernden Tropfen, die aus einer schadhaften Stelle der Dachrinne auf das Blech vor dem Schlafzimmerfenster trommelten. Es kam ihm zum Bewußtsein, daß vorhin das Telephon geläutet hatte. Das war sicher seine Geschäftsstelle gewesen, oder der Rat Welisch, der wie eine aufgeschreckte Fliege zwischen Sitzungssaal und Geschäftsstelle und Dienstzimmer hin- und herschwirren würde mit wehender Robe. Ballmann lachte: Welischs Robe. Rat Mittags Mutter hatte einmal angeordnet, daß Mittags Robe gereinigt werden müsse. Mittag nahm seine Robe mit nach Hause, als die Gruppe, der er angehörte, vierzehn Tage keine Sitzung haben sollte. Dann kam aber eine sehr komplizierte Sache – auch in einem Einstweiligen Verfügungsverfahren – dazwischen, und es mußte doch eine Sitzung anberaumt werden. Mutter Mittag versuchte bei der Reinigung die Behandlung der Robe ihres Sohnes zu beschleunigen, leider erfolglos. Mittag hatte keine Robe. Die Sitzgruppe bestand aus Ballmann, Mittag und Stubenmeier. Welischs Robe war also frei. Obwohl sich Mittag wehrte, bestand der zynische Stubenmeier – hinterhältig und scheinbar freundlich wie immer – darauf, daß Mittag Welischs Robe anzog. Welisch reichte seine Robe bis an die Knöchel, aber dem ellenlangen Mittag nur knapp über das Gesäß. »Wenn er sitzt«, sagte Stubenmeier, »sieht man's nicht.« Mittag in Welischs Robe hatte mit dem Mäntelchen wie einer der Musketiere ausgesehen. »Nur Hut und Degen fehlen«, hatte Stubenmeier gesagt.

84

Ballmann stand auf. Er putzte sich die Zähne und zog sich an. Er zog nicht Hemd, Krawatte und einen Anzug an wie fürs Büro, sondern seinen alten beigen Rollkragenpullover und die grünliche alte Hose, die er gestern – am Sonntag – daheim getragen hatte. Er drehte das Radio auf, so laut, daß es durchs ganze Haus tönte. *Heimische Komponisten,* eine verschämte Vormittagssendung des Rundfunks. Ballmann hörte die Ansage nicht, aber er wußte, daß das diese Sendung war, weil er einen Radio auch im Gericht in seinem Dienstzimmer hatte, ein privates Gerät natürlich. Diese Sendung *Heimische Komponisten* schiebt der Rundfunk jeden Vormittag ein, um Vorwürfen des Komponistenverbandes, der Sender tue nichts für ortsansässige, zeitgenössische Tonschöpfer, zuvorzukommen. Um die Zeit hört kein Mensch Radio, nur der jeweilige Komponist und ab und zu Landgerichtsdirektor Ballmann auf milder Lautstärke, wenn er keine schwerwiegende Denkarbeit leisten mußte. Aber wann hat ein Landgerichtsdirektor, der selber keine Urteile mehr abfaßt, schon schwerwiegende Denkarbeit zu leisten. Die Denkarbeit leisten die Räte, die zerbrechen sich die Köpfe, wühlen in Kommentaren, pinseln aus obergerichtlichen Entscheidungen Merksätze ab. Eine Beförderung in der Justiz ist eine Belohnung. Da die finanziellen Zugewinne nicht stark ins Gewicht fallen, verbindet die Justiz – und nicht nur die Justiz – die Beförderung in erster Linie mit Arbeitsentlastung. Landgerichtsdirektoren denken nicht mehr selber, sie lassen denken. Das geht nach dem ehrwürdigen Grundsatz: ›Ich trage die Verantwortung, und du trägst das Klavier.‹ Die wahrscheinlich schwierigste Entscheidung, die somit der Oberlandesgerichtspräsident zu treffen hat – jeden Tag, sie nimmt ihm keiner ab – ist die, ob er mittags das Wiener Schnitzel mit Beilage essen soll (eine Mark Aufschlag) oder die Bockwurst mit Linsen.

Ein Musikstück tönte durchs Haus. Ballmann kannte es nicht. Kein Mensch – außer dem Autor – kennt die Musikstücke, die in der Sendereihe *Heimische Komponisten* gespielt werden. Heute erklang ein Orchesterstück. Es war ein eher verhaltenes Werk, säuselte in kaum merklicher Tonschwankung, wobei man – wenn man scharf hinhörte – gelegentlich die Holzbläser, gelegentlich die Streicher etwas stärker säuseln hörte. Es klang so, als käme das eigentliche Musikstück noch, das aber dann doch nicht kam. Ballmann hörte die Absage: es hatte sich um das Orchesterwerk *Abacus* aus dem Jahr 1976 gehandelt, von Florenzo Waldweibel-Hostelli, einen Namen – dachte Ballmann –, den man sich nicht würde merken müssen.

Als Ballmann – in Hut und Mantel, aber ohne Regenschirm – aus dem Haus trat, stieß er fast mit einem Mann zusammen, der eben an seiner Haustür läuten wollte.

»Bitte?« sagte Ballmann.

Der Mann, mehr ein Männchen, war erstaunt, fast entsetzt, als in dem Moment, wo er nach dem Klingelknopf langte, schon die Tür aufging.

»Ja –«, sagte das Männchen.

Ballmann ließ die Haustür hinter sich zufallen. Die Sendung *Heimische Komponisten* war beendet. Es folgte der *Landfunk*. Man hörte es bis vors Haus.

»Bitte?« wiederholte Ballmann.

»Meistens«, sagte das Männchen, »sind um diese Zeit nur Damen in den Häusern, keine Herren.«

Das Männchen war ganz in Schwarz gekleidet, hatte eine schwarze Baskenmütze auf dem Kopf, die völlig durchnäßt war. Der Regen rann dem Männchen über das Gesicht.

»Ob man nicht«, sagte das Männchen, »eine von den Zeitschriften kauft.« Das Männchen hatte eine kleine, abgewetzte Aktentasche bei sich, die es jetzt so öffnete, daß man zwar hineinschauen, daß der Regen aber nicht eindringen konnte. Einige Exemplare einer caritativen Zeitschrift steckten in der Aktentasche. Ein Bündel solcher Zeitschriften – verpackt in wetterfeste Folie – trug das Männchen unter seinem Arm. Man hatte den Eindruck, daß es dem Mann gleichgültig war, ob er naß wurde, wenn nur die Zeitschriften trocken blieben. »Kostet nur eine Mark fünfzig, und Sie haben doch etwas zum Lesen.«

Ballmann langte in seine Tasche, aber er hatte kein Geld dabei. Er wandte sich wieder zur Tür, um zurück ins Haus zu gehen, aber die Tür war ja schon zugefallen. Ballmann stutzte. Das Männchen merkte es.

»Haben Sie den Schlüssel drinnen gelassen?« fragte es.

»Ja –«, sagte Ballmann. »Und es ist niemand zu Hause.«

»Aber das Radio läuft doch?«

»Das habe ich auch vergessen auszuschalten«, sagte Ballmann.

Das Männchen machte seine Tasche wieder zu.

»Macht nichts«, sagte es. »Den guten Willen haben

Sie ja gehabt.« Es nickte grüßend und ging weiter zum nächsten Haus. Bevor Ballmann sagen konnte, daß dort sicher niemand zu Hause sei um die Zeit (im Nachbarhaus lebte ein älteres Ehepaar, beide waren berufstätig), hatte das Männchen schon geläutet. Es wartete geduldig, nickte nochmals freundlich zu Ballmann herüber, der sich in die andere Richtung wandte. Nach ein paar Schritten drehte sich Ballmann um. Das Männchen wartete immer noch. Es war, überlegte Ballmann, nicht größer als Landgerichtsrat Welisch.

Es regnete noch den ganzen Nachmittag. Es war kein Winter mehr und auch noch kein Frühling. Es war kein schlechtes Wetter, es war überhaupt kein Wetter. Der Regen war lau, aber die Erde war noch kalt. Am Rand des Weges, den Ballmann ging, lagen schmutzige Reste von Schnee. Wald und Äcker hatten die gleiche Farbe: eine unfarbige Mischung aus Blaßgrün, Mattbraun und Dunkelgrau. Anzüge in solchen Tarnfarben sind, dachte Ballmann, bei kleinbürgerlichen Kollegen beliebt, die um jeden Preis der Welt vermeiden wollen, aufzufallen. Es gibt eine große Zahl solcher Kollegen. Richtig nachgerechnet muß man sogar sagen: die meisten sind von dieser Sorte. Warum vermeiden sie – nicht nur in ihren Anzügen – aufzufallen? Das ist nicht nur das Problem der Richter, das ist das Problem unserer kleinbürgerlichen Gesellschaft schlechthin. Wer auffällt, der kann verantwortlich gemacht werden. Wer in so einem grünlich-grau-beigen Anzug herumläuft, kann sich immer darauf herausreden, daß er eigentlich nichts entschieden hat. Jede Entscheidung eines solchen Anzugträgers hat schon sozusagen biologische Dimensionen. Die Pflanze denkt nicht, wenn sie wächst. Das ist ein *Vorgang.* Der *Vorgang* ist dem Kleinbürger lieber als das *Denken.* Ballmann aber erinnerte sich: auch er bevorzugte solche Anzüge in Khaki-oliv, und der Mantel, von dem jetzt der Regen tropfte, hatte diese Farbe.

Ballmann ging über das freie Feld. Es ist schwer, ziellos zu gehen, dachte Ballmann. Wer so lang wie ich in diese Maschine eingespannt war, die sie Leben heißen, muß wahrscheinlich erst wieder nach und nach lernen, ohne Ziel irgendwohin zu gehen.

Ein Weg führte an einer Reihe von Telegraphenmasten vorbei. Ein einziger kahler Baum unterbrach die horizontalen Linien. Ganz hinten, hinter der Autobahn, zog sich ein Streifen Wald hin.

Plötzlich sah Ballmann weiter drüben eine Gestalt. Die Gestalt ging oder besser, stapfte ungefähr in die gleiche Richtung wie Ballmann. Entweder quälte sich der andere Wanderer über das freie Feld – wofür sein stapfender Gang sprach – oder dort drüben ging noch ein Weg. Der andere wandte sich zu Ballmann. Trotz der Entfernung erkannte Ballmann den Mann: es war Landgerichtsrat Welisch. Nein, es war nicht Landgerichtsrat Welisch, es war der kleine Mann in Schwarz, der Ballmann vorhin die Zeitschrift verkaufen wollte. Wieso stapfte der kleine Schwarze hier über die kahlen Felder, wenn er vorhin noch in der Siedlung damit beschäftigt war, überall zu läuten?

Der andere drehte jetzt ab. Vielleicht machte dessen Weg eine Biegung. Der Mann winkte. Ballmann winkte zaghaft zurück. Oder war es doch Welisch? Ballmann blieb stehen. Er faßte die verschwindende Gestalt des anderen Wanderers scharf ins Auge. Sein inneres Auge überlagerte seinen realen Blick. Der kleine Schwarze war exakt so groß oder so klein wie Welisch. Er hatte überhaupt eine verblüffende Ähnlichkeit mit Welisch. Er *war* Welisch.

Das Bild der Erinnerung an Welisch und das Bild der Erinnerung an den kleinen Schwarzen zogen sich für einen Moment in eins zusammen. Sie deckten sich. Es war Welisch. Die Bilder trennten sich wieder, das innere Auge gab den realen Blick wieder frei. Die schwarze Gestalt war nur noch als Punkt zu sehen, dort wo das große Feld an die Straße grenzte. Ballmann ging ziellos weiter im Regen.

Es *war* Welisch.

VI

Am nächsten Tag, am Dienstag, es war der 20. März, läutete auf Welischs Schreibtisch das Telephon. Welisch nahm den Hörer ab: »Welisch«, schmetterte er mit Trompetenstärke in die Sprechmuschel.

Der Landgerichtspräsident nannte seinen Namen. Welisch nahm auf seinem Schreibtischstuhl so etwas wie Haltung an. »Ja? Herr Präsident?«

»Sagen Sie«, sagte der Präsident, »haben Sie etwas von Herrn Ballmann gehört? Ich wäre sehr beruhigt, wenn er heute wieder da wäre.«

»Nein«, sagte Welisch, »ich habe gestern nachmittag, genauer gesagt das erste Mal gegen 14 Uhr 30 und das zweite Mal gegen 15 Uhr 30 bei Herrn Ballmann daheim angerufen; es hat sich Frau Ballmann gemeldet. Sie hat angenommen, ihr Mann sei im Büro.«

»Er war nicht im Büro? Nachmittags?«

»Nein. Ich habe nachgeschaut, mehrfach, Herr Präsident.«

»Merkwürdig«, sagte der Präsident, »oder?«

»In der Tat«, sagte Welisch.

»Ich habe eben versucht, Herrn Ballmann zu erreichen, hier im Haus und auch bei ihm privat. Es hat sich niemand gemeldet. Sie wissen nicht, ob er heute vormittag schon da war? Vielleicht wieder gegangen, etwas zu besorgen?«

»Ich werde sofort nachschauen gehen, Herr Präsident.«

»Gut. Kommen Sie dann herüber.«

Welisch sprang von seinem Stuhl, rannte in die Geschäftsstelle, ließ sich mit dem Generalschlüssel Ballmanns Büro aufsperren, stellte fest, daß mit an Sicherheit grenzender Wahrscheinlichkeit Ballmann heute noch nicht dagewesen war (die Akten im Einlauf waren noch unberührt, der Datumsstempel noch auf Freitag gestellt, der Tischkalender zeigte ebenfalls noch Freitag und dergleichen) und eilte dann zum Präsidenten.

Der Präsident zeigte eine halb und halb gemischte Miene von Besorgnis und Ärger. Er bot Welisch einen Stuhl an.

»Sie haben auch keine Ahnung?« fragte der Präsident.

»Nicht die leiseste solche«, sagte Welisch.

»Meistens klärt sich ja alles als völlig harmlos auf in solchen Fällen, zum Glück«, sagte der Präsident, der im Gegensatz zu Welisch mit leiser Stimme sprach, fast flüsterte, »zum Glück, zum Glück. Einmal ist ein Kollege für vier Wochen verschwunden. Wir haben ihn schon durch die Polizei suchen lassen. Danach ist er pumperlmunter wiedergekommen. Er hat sein Urlaubsgesuch in einen Beiakt hineingewurstelt, irgendwie, und hat geglaubt, es wäre längst genehmigt. Na ja – vielleicht hat auch Herr Ballmann – aber um diese Zeit? Was haben wir heute? Den 20. März. Um diese Zeit nimmt doch kein Mensch Urlaub. Ballmann hat doch schulpflichtige Kinder? Sind schon Osterferien?« Der Präsident nahm seinen Kalender zur Hand. »Ostern ist erst am 15. April. Da sind jetzt noch keine Osterferien. Aber es klärt sich sicher alles als harmlos auf. Könnten Sie mir einen Gefallen

tun? Wenn Sie Herrn Ballmann auch heute nicht telephonisch erreichen –«

»Verzeihung, wenn ich Sie unterbreche, Herr Präsident – irrtümlich in Urlaub gefahren – das ist wohl
nicht möglich, da ja *Frau* Ballmann daheim war. Die
hätte ja dann nicht angenommen, daß ihr Mann im
Büro wäre?«

»Ja, ja«, murmelte der Präsident, »wahrscheinlich. Es
dürfte sich letzten Endes alles als ganz harmlos auf-
klären. Nur, was ich Sie bitten wollte: ob Sie nicht
morgen zu Herrn Ballmann hinausfahren könnten –
es sei denn, es klärt sich alles heute noch auf. Sie wissen ja, wo Herr Ballmann wohnt?«

»Selbstverständlich«, sagte Welisch.

»Daß man nachschaut. Obwohl alles ganz harmlos
sein wird. Man ahnt gar nicht, wie harmlos im
Grunde genommen alles ist. Es gibt immer viel mehr
harmlose Möglichkeiten, als man annimmt. Katastrophale Möglichkeiten gibt es nur ein paar. Der harm-
losen Möglichkeiten ist Legion. Zum Glück«, sagte
der Präsident, »aber man muß doch nachschauen –«

»Ich werde Ihnen sofort berichten, Herr Präsident.«

»Danke, Herr Welisch«, sagte der Präsident.

Frau Ballmann verfügte über keine gute Beobach-
tungsgabe. Erstens beobachten Frauen überhaupt
schlecht, zweitens beobachten Frauen, die mit sich selber beschäftigt sind, ihre Umwelt noch schlechter, und
drittens sind dicke Leute in der Regel äußerst schlechte Beobachter, weil eben die vor allem mit sich selber
beschäftigt sind, in erster Linie damit, wie sie dünner
werden könnten.

Frau Ballmann hatte es zwar vor Jahren schon aufgegeben, zu versuchen, wieder dünner zu werden, dennoch beobachtete sie schlecht. Daß sie einen so subtilen Vorgang wie die Veränderung im Seelenleben ihres Mannes wahrgenommen hätte, befürchtete Ballmann nicht. Daß sie aber nicht einmal bemerkte, daß Ballmann an diesem Montag in Hausschuhen heimkam, die obendrein lehmverkrustet waren und trotz seines Trenchcoats bis auf die Haut durchnäßt war, wunderte Ballmann doch.

Frau Ballmann sagte nur: »Ach, du bist es«, als Ballmann gegen vier Uhr läutete, und: »Hast du deinen Schlüssel vergessen?«, auf welche Frage sie keine Antwort abwartete und zurückeilte in die Küche. Offenbar nahm sie an, Ballmann käme aus dem Büro. Gerechterweise muß vermerkt werden, daß vier Uhr die übliche Zeit war, zu der Ballmann immer nach Hause kam.

Ballmann hatte das nicht absichtlich so eingerichtet. Er hatte überhaupt nichts absichtlich eingerichtet. Er war, nachdem Welisch hinter der fernen Straße sozusagen am Horizont verschwunden war, geradeaus weitergegangen, bis der Weg wie abgeschnitten aufhörte. Noch nie war Ballmann diesen Weg gegangen. Ab und zu waren Ballmann und seine Frau am Samstag oder Sonntag spazierengegangen, aber da waren sie mit dem Auto ein Stück weiter hinausgefahren ins Land, wie man das so macht, und irgendwo in den Wald gegangen, wo die Natur angeblich so schön ist. So in der nächsten, freudlosen Umgebung war Ballmann noch nie über die Felder gestapft. Daher war ihm zunächst gewesen, als führe dieser ihm unbekannte Weg geradeaus ins Endlose. Hätte er nachgedacht – aber er hat nicht nachgedacht –, so hätte er sich ausrechnen können, daß die vor einigen Jahren neu gebaute Autobahn den Lauf des Feldweges in die Unendlichkeit abschneiden mußte. Früher, bevor die Autobahn gebaut war, hatte der Weg weitergeführt, wahrscheinlich in den Wald hinein, der hinter der Autobahn begann. Dann hatte man den hohen Damm aufgeschüttet, den Feldweg vom Wald abgenabelt.

Ballmann war unschlüssig am Ende des Weges am Fuß des hohen Autobahndammes gestanden. Es war unmöglich, auf die Autobahn hinaufzuklettern. Da war ein hoher Drahtzaun, außerdem war der halbe Damm mit dichtem Gestrüpp bewachsen. Ballmanns zu der Zeit fast schon ideal ziellose Bahn wurde seitlich abgelenkt, und plötzlich stand er vor der Tür seines Hauses, ohne recht zu wissen, wie er zurückgekommen war. Er erinnerte sich nur an folgende Gedanken:

Er hatte Hunger. Es war inzwischen Nachmittag geworden. Weder hatte er etwas gefrühstückt noch etwas zu Mittag gegessen. Obwohl kein heftiger Esser, hatte Ballmann doch Hunger. Der Hunger ist eine Art Schmerz. Wie alle Schmerzen, hatte Ballmann festgestellt, ließ sich der Hunger objektivieren. (Vor Jahren war das Ballmann einmal sogar bei Zahnschmerzen gelungen.) Das geht so: man konzentriert sich so lange auf den Schmerz – hier: auf den Hunger –, bis der Schmerz aus dem Körper heraustritt, sich neben den Körper begibt, sich verselbständigt, eigene Körperlichkeit annimmt. Man muß den

Schmerz zu dem Zweck förmlich fixieren. Man muß sein ganzes inneres – ja: und sogar äußeres – Augenmerk auf den Schmerz richten oder besser auf die eine, nadelfeine zentrale Stelle, die jeder Schmerz hat, und die man herausbekommt, wenn man vorsichtig den Schmerz abtastet. Ist dann der Schmerz aus dem Körper herausgetreten, kann es sein, wenn man geschickt genug ist und nicht nachläßt, mit Dompteuraugen ihn weiter zu fixieren, daß der Schmerz seine Verbindung zum Körper löst – was sein Ende ist, denn er geht damit zugrunde, erlischt, stirbt. Ist man aber unachtsam, so kehrt der Schmerz – einen Augenblick unbeobachtet – sofort in den Körper zurück und macht sich wieder breit.

Wie erwähnt, ist Ballmann vor Jahren diese Schmerzaustreibung bei Zahnweh gelungen. Auch hatte das Mittel mehrfach bei Bauchschmerzen geholfen, einige Male auch bei einem merkwürdigen Schmerz, der Ballmann eine Zeitlang verfolgt hatte: von den Augen (ohne Regel abwechselnd links oder rechts, öfter aber rechts) zog sich ein länglicher, sehr dünner Schmerz bis ziemlich genau in die Achselgrube hinter dem Schlüsselbein. Auch dieser Schmerz war durch Fixierung zu vertreiben gewesen. Bei echten Kopfschmerzen hatte das Mittel allerdings versagt, wahrscheinlich, hatte Ballmann überlegt, weil die Kopfschmerzen die Fähigkeit, sich zielgenau auf den Schmerz zu konzentrieren, lähmen.

Heute hatte Ballmann das erste Mal versucht, den Hunger so zu vertreiben. Es war sehr schwer, aber es ging. Als Frau Ballmann den Tisch gedeckt hatte und appetitanregende Gerüche – Omeletts – aus der

Küche kamen, regte sich der Hunger aber naturgemäß wieder. Ballmann beschloß, ihn nicht weiter zu unterdrücken, auch das wäre ja ein nun unzulässiger Eingriff in den Lauf der Welt gewesen. Außerdem war der Hunger nun so mächtig, daß er sich kaum noch unterdrücken hätte lassen.

Ballmann setzte sich an den Tisch. Die Kinder mampften schon. »Könnt ihr nicht warten, bis alle da sind?« raunzte Frau Ballmann.

»Können schon«, murmelte Alexandra, »aber wollen nicht.«

»Wie bitte?« fragte Frau Ballmann schrill.

Tut sie nur so, als hätte sie die Frechheit nicht verstanden, oder wird sie schwerhörig auch noch? dachte Ballmann.

Ballmann nahm ein Omelette vom dampfenden Stapel, breitete es auf seinem Teller aus, strich Marmelade hinein und rollte es zusammen, schüttete Puderzucker drüber und begann Scheibe für Scheibe abzuschneiden.

»Was hat es denn in der Kantine Leckeres gegeben?« fragte Frau Ballmann, nachdem endlich auch sie am Tisch saß, die letzte Fuhre Omeletts aus der Küche mitgebracht und dort den Herd ausgeschaltet hatte.

»Weiß nicht«, sagte Ballmann.

»Warst du nicht in der Kantine? Hast du überhaupt nichts gegessen?« fragte Frau Ballmann.

Als ob das alles wäre, was mir fehlt, dachte Ballmann und sagte: »Nein.« Es war ja nicht gelogen.

»Gar nichts gegessen?«

»Wenn ich sage: nein«, sagte Ballmann.

»Warst du heute mit deinen Hausschuhen im Büro?«

fragte Christian, dem – die Mutter hatte »Tz-Tz« gemacht – ein halbes Omelette unter den Tisch gefallen, der dann nachgetaucht war und dabei die Fußbekleidung seines Vaters bemerkt hatte: die mit Lehm verkrusteten Hausschuhe.

»Was –?« schrie Frau Ballmann auf, »du bist mit Hausschuhen ins Büro gegangen?«

»Nein«, sagte Ballmann. Auch das war ja keine Lüge. Er gab sich das Gesetz: er wird zwar nicht lügen, aber er wird nicht *mehr* antworten als gefragt ist, wenn überhaupt.

Am nächsten Tag, am Dienstag, stand Ballmann – um Diskussionen aus dem Weg zu gehen – auf, als seine Frau ihn weckte, ging ins Bad, sperrte hinter sich ab und tat so, als bade er. Er ließ Wasser in die Wanne laufen, setzte sich aber nur auf den Rand und schaute in den Spiegel. Der Bart war stoppelig, deutlicher als gestern.

»Versäume deine S-Bahn nicht!« schrie Frau Ballmann durch die verschlossene Tür und ging. Als Ballmann endlich allein im Haus war, ließ er das Wasser ablaufen und legte sich wieder ins Bett.

Als seine Frau kurz nach ein Uhr heimkam, wunderte sie sich, daß ihr Mann im Morgenmantel vor dem Radio saß und das Mittagskonzert hörte. (Weber: Concertino in e-Moll für Horn und Orchester; Ballmann hatte eine tiefe Vorliebe für Weber, die er sich selbst dann nicht erklären hätte können, wenn er es versucht hätte. Ballmann, der nicht das war, was man musikalisch gebildet nennt, nicht Noten lesen und kein Instrument spielen konnte und keinerlei theoretische Kenntnisse besaß, hatte oft bemerkt, daß er

98

Webers Musik schon auf den ersten Ton von der Musik anderer Komponisten unterscheiden konnte.)

»Warst du heute nicht im Büro?« fragte Frau Ballmann.

»Nein«, sagte Ballmann. »Ich sitze ja hier.«

»Arbeitest du daheim?« fragte Frau Ballmann. Selten, aber ab und zu kam es vor, daß Ballmann sich Arbeit mit nach Hause nahm, gelegentlich einen ganzen Tag zu Hause arbeitete.

»Nein«, sagte Ballmann.

Frau Ballmann glaubte, ihr Mann mache einen Scherz, der ihre Fassungskraft übersteige, und fragte zur Vorsicht nicht weiter. Daß Ballmann ein Zweitagebart im Gesicht sproßte, bemerkte Frau Ballmann nicht.

Kurz vor drei am Mittwochnachmittag kam Landgerichtsrat Welisch.

Um seinen Kindern und deren möglicherweise unangenehmen Fragen auszuweichen – das war auch ein neues Gesetz: ausweichen ist nicht lügen –, hatte sich Ballmann in das ausgebaute Dachgeschoß, das ›Studio‹, zurückgezogen, das zwei große Fenster hatte. Durch das Fenster sah Ballmann Welisch kommen. Schon der Schritt Welischs verriet Ballmann, wie aufgeregt der Landgerichtsrat war. Nachdem es geläutet hatte, waren zwei einander durchkreuzende Wortschwalle zu hören, ohne daß Einzelnes zu verstehen war. Dann kam Welisch herauf. Er keuchte. Die Stiege zum ›Studio‹ war steil.

Ballmann hatte schon vorher einen Stuhl in die der Tür am weitesten entfernte Ecke gestellt und sich dorthin gesetzt.

Welisch klopfte.

Ballmann sagte nichts.

Nachdem Welisch noch ein paar Mal geklopft und keine Antwort bekommen hatte, machte er die Tür auf und schaute vorsichtig herein.

Als Welisch den stummen Landgerichtsdirektor – unrasiert und im Morgenmantel – in einer Ecke des Zimmers auf einem isoliert stehenden Stuhl sitzen sah, trat der seltene Fall ein, daß es dem kleinen Landgerichtsrat die Sprache verschlug. Er sagte nur: »Ah – äh –«, stand einige zähe Augenblicke in der Nähe der Tür und sagte dann: »Erlauben Sie, daß ich mich setze.«

Ballmann sagte immer noch nichts, schaute nur Welisch an. Welisch setzte sich – weit entfernt von Ballmann – auf einen Diwan. Nach einer Weile sagte er wieder: »Ah – äh –«, in gepreßtem Ton.

Ballmann schwieg.

Welisch wand sich wie unter dem stechenden Strahl einer grellen Lampe. (Ballmann mußte an die Einstweilige Verfügung und den Gewerbeoberlehrer denken, der behauptete, daß so eine Lampe in sein Schlafzimmer scheine.) Endlich brachte er heraus – es klang wie ein Schrei um Hilfe –: »Wie geht es Ihnen, Herr Ballmann?«

»Danke, gut«, sagte Ballmann.

Der Bann war gebrochen. Welisch atmete auf, fand seine normale Stimmlage wieder, und auch die Schleuse seiner Redefreudigkeit öffnete sich. In einem Schwall von Information erzählte er von der gestrigen Sitzung, wie er nach Ballmann gesucht habe, was die Anwälte gesagt hatten, daß ihn der Präsident heute kommen habe lassen und ihn hierhergeschickt habe, und ob Ballmann krank sei.

Ballmann ließ den Schwall ohne eine Unterbrechung über sich ergehen und sagte dann: »Waren Sie gestern schon einmal hier, Herr Welisch, oder wer immer Sie in Wirklichkeit sein mögen, *in Schwarz?*«

Welisch stutzte: »Wie bitte?«

»In schwarzer Kleidung. Ich habe Sie erkannt. Sie wollten mir eine Zeitschrift verkaufen. Ich hätte Ihnen auch eine Zeitschrift abgekauft, wenn ich Geld bei mir gehabt hätte. Den guten Willen habe ich wirklich gehabt. Aber die Tür ist zugefallen, und ich hatte keinen Schlüssel. Später sind Sie dann da hinten an der Autobahn über die Felder gegangen.«

Welisch schaute schnell um sich, als ob er sich vergewissere, daß die Tür in sprungnaher Entfernung war.

»Ich verstehe Sie nicht ganz, Herr Ballmann –«

»Wir sind hier ganz allein«, sagte Ballmann. »Sie können es mir ruhig sagen. Ich verrate Sie nicht. Und ich habe Sie ja schließlich erkannt, zwar nicht sofort, aber spätestens dann, wie Sie über die Felder gegangen sind, hinten an der Autobahn.«

»Wann soll das gewesen sein?« fragte Welisch.

»Ich habe nicht auf die Uhr geschaut, aber es dürfte so elf, halb zwölf gewesen sein.«

Welisch lachte gequält. »Da war ich im Büro. Da habe ich nach Ihnen gesucht, im Justizpalast nach Ihnen gesucht –«

»Sie waren hier und haben versucht, mir eine Zeitschrift zu verkaufen –«

»Aber Herr Ballmann!«

»Ich lasse mir nichts mehr vormachen. Ich habe die

Sache durchschaut. Ich wäre Ihnen dankbar, wenn Sie es zugeben würden –«

»Ich weiß nicht, was ich zugeben soll – geht es Ihnen nicht gut, ich meine –«

»Wenn Sie meinen: ich bin verrückt geworden – nein. Außerdem wissen Sie so gut wie ich, *besser* als ich, nachdem ich Ihnen das alles offen gesagt habe, daß ich nicht verrückt bin. Jetzt schon gar nicht mehr.«

Welisch stand ganz langsam auf und ließ Ballmann dabei nicht aus den Augen. Ballmann rührte sich nicht.

»Dann«, sagte Welisch leise, »werde ich mich wieder auf die Socken machen. Ja. Also, dann –«, Welisch machte einen vorsichtigen Schritt in Richtung auf die Tür, dann, als er die halbe Entfernung überwunden hatte, einen raschen Sprung und schlüpfte hinaus.

Frau Ballmann empfahl er, bevor er hastig das Haus verließ, einen Arzt kommen zu lassen. Von der nächsten Telephonzelle aus, an der er vorbeikam, rief er den Landgerichtspräsidenten an, der schon daheim war, aber Welisch seine Privatnummer gegeben hatte mit der Bitte um sofortige Verständigung, falls etwas Außergewöhnliches passiert sei. Aufgeregt und ausführlich berichtete Welisch. Der Präsident dankte, sagte, er halte den Fall für nicht unbedenklich, müsse aber erst überlegen, was zu tun sei.

Am nächsten Morgen, am Donnerstag, ließ der Präsident Welisch und die beiden anderen Kammermitglieder – Mittag und den zufällig anwesenden Stubenmeier – zu sich kommen und bat Welisch nochmals, seinen Eindruck zu schildern. Welisch lief zur Vollform auf. Mit großer Genauigkeit, zum Teil in nahezu dramatischer Gestaltung, schilderte Welisch sein Gespräch mit Ballmann.

Mittag schaute verständnislos und sagte: »Ja, das alles ist doch rätselhaft.«

Welisch: »Das kann man wohl sagen.«

Stubenmeier sagte mit ruhiger Stimme: »Da werden wir also davon ausgehen müssen, daß Herr Ballmann eine Zeitlang nicht zur Verfügung steht. Ich nehme an, Herr Welisch wird so freundlich sein, die nächsten Termine abzusetzen.«

»Ja, Herr Welisch«, sagte der Präsident. »Und dann wird man wohl überlegen müssen, was geschehen muß. Ich danke Ihnen, meine Herren.«

Nachdem die Herren gegangen waren, griff der Landgerichtspräsident zum Telephon und rief den Oberlandesgerichtspräsidenten an.

Eine Viertelstunde, nachdem Welisch gegangen war, kam Frau Ballmann ins ›Studio‹ herauf.

Die eine, von der Tür entferntere Wand, vor der Ballmann immer noch saß, war eine Bücherwand, Ballmanns Bibliothek, nicht groß, aber größer wohl als die der meisten Kollegen, neunhundert Bände vielleicht, die private Fachliteratur Ballmanns eingerechnet, die er für sein *Lehrbuch* brauchte. Ohne aufzustehen, hatte Ballmann hinter sich in ein Regal gegriffen und ein Buch herausgezogen. Es war ein Band einer zweibändigen Buchgemeinschaftsausgabe der Werke Hofmannsthals. Ballmann schaute von dem Buch auf, als seine Frau eintrat.

»Herr Welisch hat gesagt, ich soll einen Arzt holen?« fragte Frau Ballmann.

»Ich kann Herrn Welisch nicht daran hindern, so etwas zu sagen«, sagte Ballmann.

»Fehlt dir was?« fragte Frau Ballmann. Sie war etwas kurzatmig vom Stiegensteigen.

»Nicht, daß ich wüßte«, sagte Ballmann.

»Das meine ich auch«, sagte Frau Ballmann und stieg wieder hinunter. Die hölzerne Stiege ächzte unter ihrem Gewicht.

Beim Abendessen sagte Christian: »Läßt sich Papa einen Bart wachsen?«

»Höhö –«, sagte Thomas und deutete mit der Gabel auf seinen Vater, »der wird doch auf seine alten Tage nicht progressiv werden.«

Frau Ballmann schaute ihren Mann an. »Tatsächlich«, sagte sie. »Läßt du dir einen Bart wachsen?«

»Das ist eine Frage«, sagte Ballmann, »die schwer zu beantworten ist. Eigentlich lasse ich mir keinen Bart wachsen. Der Bart wächst von selber. Ich hindere ihn nur nicht daran, zu wachsen.«

Frau Ballmann schaute ihren Mann starr an.

»Ja –«, fuhr Ballmann fort, »– doch. Ich lasse den Bart gewähren. Ich lasse dem Bart sein Wachstum. Insofern *lasse* ich mir einen Bart wachsen. Aber nein –«, Ballmann legte die Serviette weg und schaute zur Decke »– nein, nicht *mir. Ich* habe mit der Sache nichts zu tun. Ich lasse nicht *mir* einen Bart wachsen, ich lasse einen Bart wachsen. Der Bart, der wächst, gehört nicht mir –«

»Wem denn?« fragte Christian.

»Wem der Bart gehört? Auch eine schwierig zu beantwortende Frage. In erster Linie gehört der Bart dem Bart.«

»Iß weiter, Christian!« sagte Frau Ballmann.

»Der Alte schnappt über«, sagte Thomas.

»Gibt es –«, sagte Alexandra und schaute ihren Vater scharf an, »gibt es überhaupt einen Bart?«

»Ich weiß nicht, was ihr für Blödsinn redet«, sagte Frau Ballmann.

»Eine gute Frage«, sagte Ballmann, »ich sehe, du verstehst mich, mein Kind –«

»*Mein Kind*«, äffte Thomas nach.

»Ich meine«, sagte Alexandra, »den Bart gibt es ja eigentlich gar nicht. Es gibt nur die einzelnen Haare.«

»Ich verstehe genau, was du meinst«, sagte Ballmann.

»Es gibt auch keinen Wald«, sagte Alexandra, »nur die einzelnen Bäume, außer – die Bäume könnten denken.«

»Gemeinschaft setzt Bewußtsein voraus –«, sagte Ballmann.

»Bäume können *vielleicht* denken«, sagte Alexandra, »das könnte ich mir notfalls vorstellen –«

»Deswegen gehen sie auch in die Baumschule, höhö –«, gröhlte Thomas. Alexandra achtete nicht auf ihn, »– könnte ich mir notfalls vorstellen, daß Bäume denken, aber Barthaare nicht. Sicher nicht.«

»Dann gehört jedes Barthaar sich selber«, sagte Ballmann.

»Wahrscheinlich«, sagte Alexandra.

»Ich weiß gar nicht, wen von euch beiden ich für alberner halten soll«, sagte Frau Ballmann und wirkte dabei etwas hilflos. »Christian, mach den Mund zu und iß weiter.«

»Wenn ich den Mund zumachen soll, kann ich nicht

weiteressen, weil ich nichts mehr hineinschieben kann«,
sagte Christian schnell.

Frau Ballmann kreischte auf, warf ihren Stuhl um,
schrie: »Habt ihr jetzt glücklich den Kleinen auch soweit!« und rannte in die Küche, deren Tür sie hinter
sich zuschlug.

»Wenigstens rührt sich was«, sagte Thomas mit vol-
lem Mund.

VII

Der Landgerichtspräsident ist nicht der Dienstvorgesetzte eines – wie es offiziell heißt – Vorsitzenden Richters am Landgericht. Einen Vorgesetzten in dem Sinn, wie ihn ein Beamter hat, hat ein Richter, wie gesagt, überhaupt nicht. Zwar fertigt der Landgerichtspräsident die Beurteilung seiner Richter – in den vorgesehenen Abständen oder bei Bewerbungen des Richters um eine höhere Charge – und schwebt so wie ein mißtrauischer Schatten über der Karriere der Angehörigen seines Gerichts; der dienst- und versorgungsrechtlich Übergeordnete aller Richter eines Bezirks aber ist der Präsident des Oberlandesgerichts. Der damalige Oberlandesgerichtspräsident war ein milder Herr mit ausgeprägter Neigung zum Sport. Den Landesgerichtsdirektor Dr. Ballmann kannte der Oberpräsident nur äußerst flüchtig, weil Ballmann weder Tennisspieler noch Langläufer war. Der Oberpräsident äußerte dem Landgerichtspräsidenten gegenüber zunächst die Hoffnung, daß sich erfahrungsgemäß solche Dinge fast immer von allein wieder einrenken, wenn man sie ignoriert, was den gleichzeitigen Vorteil habe, daß der Fall still im eigenen Amtsbereich, ohne Belästigung höherer Stellen gelöst würde. Der Landgerichtspräsident – vielleicht infiziert von der dramatischen Darstellung des Ballmannschen Zustandes durch Welisch, vielleicht aber auch mit eigenen düsteren Ahnungen behaftet, hielt den

Fall aber für ignorative Behandlung ungeeignet. »Hm«, sagte der Oberpräsident und empfahl dem Landgerichtspräsidenten, sich ans Ministerium zu wenden. Dort habe man Zeit genug, sich auch mit Bagatellen zu befassen.

So erhielt Ballmann am Freitag, dem 23. März, den Brief eines maßgeblichen Herrn aus dem Ministerium mit der Bitte – ausdrücklich hieß es: »Bitte« – sich umgehend hier einzufinden. Der Brief war in höflichster, ja: vorsichtigster Form abgefaßt. Ballmann öffnete den Brief zwar, ignorierte ihn aber. Erst als ein immer noch äußerst höflicher, aber schon im Unterton leicht grollender weiterer Brief per Einschreiben am 29. März kam, fuhr Ballmann am darauffolgenden Tag in die Stadt, nicht mit seiner bisher gewohnten S-Bahn um halb neun, sondern mit einem Zug, der kurz vor zehn ging. Um dreiviertel elf Uhr stand er im Vorzimmer des hohen Ministerialbeamten und ließ sich melden.

Es regnete immer noch. Ab und zu ging der Regen in Schnee über. Ballmanns Hausschuhe waren durchweicht, sein Mantel tropfte vor Nässe. Als Ballmann von daheim fortgegangen war, hatte er an einem Garderobehaken eine durchsichtige, zusammenfaltbare Plastikkapuze Alexandras bemerkt, eine sogenannte Wetterhexe. Die setzte Ballmann auf, nahm sie auch im Vorzimmer nicht ab. Übrigens war Ballmann schwarzgefahren.

Die Vorzimmerdame ging zu dem hohen Ministerialbeamten – er hieß Dr. Kaltenegger – hinein und flüsterte: »Da ist einer da, der behauptet, er ist der Dr. Ballmann.«

»Ich lasse bitten«, sagte Dr. Kaltenegger, »aber bleiben Sie in der Nähe.«

Als Ballmann eintrat, nahm er nun doch die Wetterhexe ab. Aus einigen der Falten lief Schneewasser auf den Boden.

»Verzeihung«, sagte Ballmann.

»Macht nichts«, sagte Dr. Kaltenegger und starrte auf Ballmanns knapp vierzehn Tage alten, grauen, stoppeligen Bart. Dr. Kaltenegger selber war glattrasiert, straff frisiert und trug einen senfgelben Anzug.

»Nehmen Sie Platz, Herr Kollege«, sagte Dr. Kaltenegger und gab seiner Vorzimmerdame ein verstohlenes Zeichen, daß sie sich nun entfernen könne.

Ballmann setzte sich, Dr. Kaltenegger in einiger Entfernung – nämlich hinter seinem Schreibtisch – auch.

»Ich muß mich etwas wundern, Herr Kollege Ballmann«, sagte Dr. Kaltenegger (diesen Einleitungssatz hatte er sich vorher zurechtgelegt: der Satz sollte den Ernst der Situation umreißen, ohne schon auf den eigentlichen Kern der Sache zu kommen), »daß Sie erst auf meine *wiederholte* Bitte hin zu mir kommen –«

»Glauben Sie an Gott?« fragte Ballmann.

Dr. Kaltenegger fuhr hinter seinem Schreibtisch zurück, als wäre er vor die Brust gestoßen worden. Er fing sich aber schnell. Er nahm an, die Sache sei ernster als befürchtet.

»Was hat das damit zu tun?« sagte er mit betont milder Stimme.

»Im Grunde genommen«, sagte Ballmann, »hat *alles* damit zu tun, ob man an Gott glaubt oder nicht.«

Es ist besser, wenn ich drauf eingehe, dachte Dr. Kaltenegger und sagte: »Selbstverständlich glaube ich an Gott –«

»Nein«, sagte Ballmann, »sagen Sie nicht selbstverständlich. Selbstverständlich ist nur, daß man von einem Beamten dieses Ministeriums annimmt, daß er an Gott glaubt. Mich interessiert, ob Sie *wirklich* an Gott glauben?«

»Darüber wollte ich eigentlich nicht mit Ihnen reden –«

»Aber ich mit *Ihnen*. Sonst wäre ich nicht gekommen.«

»Ich muß bitten, Herr Kollege Ballmann, daß Sie –«

»Glauben Sie an Gott?«

Dr. Kaltenegger schluckte. Er rang vorerst noch erfolgreich um weitere milde Haltung. »Ich glaube«, sagte er, »daß das wohl eine Privatangelegenheit ist und niemanden etwas angeht.«

»Also glauben Sie nicht an Gott?«

»Die Frage steht jetzt nicht zur Debatte –«

»Die Frage steht immer zur Debatte. Man kann vielleicht sogar sagen, daß diese Frage die einzige Frage ist, die immer zur Debatte gestanden hat, seit es Menschen gibt –«

»Ja«, sagte Dr. Kaltenegger, »das ist wohl richtig –«

»Eben«, sagte Ballmann.

»Das räume ich ein, aber ich bin nicht hier, um –«

»Doch«, sagte Ballmann. »Sie weichen mir aus. Ich nehme an: Sie weichen auch sich selber aus. Sie haben noch nie wirklich darüber nachgedacht, ob Sie an Gott glauben. Ich wundere mich, daß Sie damit in eine so hohe Stellung aufrücken konnten –«

»Also langsam wird es mir –«

»Bitte, Herr Kaltenegger«, sagte Ballmann, »nehmen Sie das nicht auf die leichte Schulter. Das ist eine Frage, um deren Beantwortung Sie nicht herumkommen. Vielleicht sollten Sie sich glücklich schätzen, daß ich Sie heute darauf angesprochen habe –«

Jetzt unterbrach Dr. Kaltenegger Ballmann. Die Milde hatte seine Stimme verlassen: »Worauf ich Sie heute ansprechen will, ist, warum Sie, wie ich aus diesem Bericht des Herrn Landgerichtspräsidenten entnehme, seit dem 19. März nicht mehr zum Dienst erscheinen?«

»Wenn Sie sich die Unendlichkeit des Universums wirklich vorzustellen versuchen, die unfaßbare Größe Gottes, das atemberaubende Phänomen Ewigkeit – denken Sie: ewig – *ewig*! beklemmt Ihnen das nicht das Herz, wenn Sie sich in diesen Begriff vertiefen? Angesichts dieser Fragen ist es wohl unwichtig, ob ich seit dem 19. März zum Dienst komme oder nicht.«

»Das ist alles schön und gut, aber –«

»Was bedeutet angesichts des Schicksals Ihrer Seele und meiner Seele das vergängliche Landgericht?«

»Wenn jeder so dächte, dann könnten wir ja aufhören.«

»Vielleicht wäre das besser.«

»Aber es muß doch irgendwie weitergehen – die Ewigkeit, ja, gut, die Seele – aber es muß doch auch hier in dem, zugegeben, banaleren Bereich gearbeitet werden –«

»Wieso *muß*? Muß durchaus nicht. Probieren Sie's. Ich habe es die beiden vergangenen Wochen probiert. Es muß durchaus nicht. Es geht auch so.«

Dr. Kaltenegger rüttelte sich innerlich zurecht: es ist sinnlos, hier zu debattieren. Er kehrte zur Milde zurück.

»Ich verstehe alles, Herr Kollege, ich verstehe vollkommen.«

»Das freut mich«, sagte Ballmann.

Eine Blase von Zorn über diese Antwort stieg durch Dr. Kalteneggers wiedergewonnene Milde auf, konnte aber durch heftiges Schlucken daran gehindert werden, zu platzen.

»Reden wir ganz offen«, sagte Dr. Kaltenegger.

»Also ich meinerseits tue das die ganze Zeit«, sagte Ballmann.

»Ja, doch«, sagte Dr. Kaltenegger. »Mir sind schließlich die Dinge bekannt, die nicht in dem Bericht des Herrn Landgerichtspräsidenten stehen. Ich bin bereit, völlig offen zu reden. Sie haben sich, Herr Kollege Ballmann, im Herbst vorigen Jahres für die Stelle eines Oberst-Rates beworben –«

»Ach so, ja, ja«, sagte Ballmann, »das betrachte ich heute als Entgleisung –«

»Sie sind bei der Beförderung leider nicht zum Zug gekommen. Sie brauchen nichts zu antworten. Ich weiß oder besser gesagt, ich kann mir denken, daß es schmerzlich und enttäuschend für Sie war, als der Kollege Wirsing vorgezogen wurde – vorgezogen werden mußte, der ein Jahr jünger ist als Sie –«

»Zwei Jahre«, sagte Ballmann.

»Eben«, sagte Dr. Kaltenegger, »die Personalpolitik ist eines der schwierigsten Kapitel des Ministeriums, glauben Sie mir. Herr Wirsing hatte zwar die gleiche Beurteilung wie Sie –«

»Aber ist Mitglied der Union«, sagte Ballmann.

»Woher wissen Sie das?«

»Ich habe es vermutet«, sagte Ballmann, »jetzt weiß ich es.«

»Also, Sie können mir glauben, daß das nicht die geringste Rolle gespielt hat. Die Erwägungen bei der Besetzung der höheren Stellen in der Justiz sind sehr, sehr schwierig. Jede Beförderung bedeutet, daß andere, ebenso Fähige und Würdige zurückgesetzt werden –«

»Sie brauchen sich nicht zu entschuldigen. Ich habe schon gesagt, daß ich meine Bewerbung um den Oberst-Rat heute als Entgleisung betrachte.«

»Sie sind nicht zum Zug gekommen, lieber Herr Kollege Ballmann, Sie sind *diesmal noch* nicht zum Zug gekommen. Aber Sie sind doch erst fünfzig, das ist doch kein Alter. Ihre Bewerbung bleibt bestehen, Sie rücken sogar um eine Platzziffer auf; bei der neuen Ausschreibung, die noch in diesem Jahr sein wird, spätestens im nächsten, werden Sie höchstwahrscheinlich berücksichtigt. Das verspreche ich Ihnen.«

»Ich ziehe meine Bewerbung zurück.«

»Seien Sie doch nicht so –«, *bockig* wollte Dr. Kaltenegger sagen, verschluckte das aber im letzten Moment und sagte: »– so, so *eigen* – ich verstehe ja, daß Sie enttäuscht sind, aber deswegen dürfen Sie sich nicht so gehen lassen. Lieber Herr Kollege Dr. Ballmann –«, die väterliche Milde äußerte sich jetzt sogar darin, daß Dr. Kaltenegger entgegen dem üblichen Sprachgebrauch Ballmann mit dem Doktortitel anredete, »– so geht das nicht. Glauben Sie mir. Wir lassen die ganze Sache unter den Tisch fallen. Vielleicht nehmen Sie ein paar Tage Urlaub. Fahren Sie mit Ihrer Frau irgendwohin, spannen Sie aus. Vielleicht sind Sie auch überarbeitet – es ist ja alles zu verstehen. Aber Sie dürfen sich doch nicht so aufführen. Lieber Herr Kollege – werden Sie vernünftig –«

»Ich habe das Gefühl, zum ersten Mal in meinem Leben vernünftig zu sein.«

»Oder sind Sie krank? Das ist ja alles zu verstehen. Sie brauchen mir keine Antwort zu geben. Am Montag sind Sie wieder da – und ich verspreche Ihnen: es ist alles vergessen und es wird sein, als wäre nichts gewesen –«

Dr. Kaltenegger stand auf, schüttelte Ballmann unter letzter Aufbietung aller väterlichen Milde kräftig die Hand und schob ihn förmlich hinaus.

Ballmann setzte draußen seine Wetterhexe wieder auf und ging hinunter. Als er im ersten Stock an seinem Dienstzimmer vorbeiging, schaute er nicht einmal zur Tür hin.

Dr. Kaltenegger konnte, als Ballmann draußen war, seine milde Seelenmaske endlich fallen lassen. Er nahm Ballmanns Personalakt und warf ihn so heftig auf den Aktenhund, daß draußen die Vorzimmerdame zusammenzuckte. Dann rief Kaltenegger den Landgerichtspräsidenten an und sagte: dieser Ballmann ist ja verrückt, so einen Zirkus zu machen, bloß weil ein zwei Jahre Jüngerer einmal bei einer Beförderung vorgezogen worden sei, aber er, Kaltenegger, habe Ballmann die Leviten gelesen, und am Montag werde er, hoffentlich rasiert, wieder zum Dienst erscheinen.

Der Landgerichtspräsident atmete dankbar auf. Als Ballmann durch die Tür des Justizpalastes – der Wachtmeister in der Loge neben der Tür erkannte den Landgerichtsdirektor gar nicht mehr – auf den großen Platz hinaustrat, hatte sich der Himmel noch mehr verfinstert. Unter die hellgraue Wolkenschicht war eine niedrigere, schwefelgelbe eingefahren. Der Regen war nun entschieden in Schneefall übergegangen, Matsch lag auf der Straße, den die hastig vorbeifahrenden Autos aufspritzen ließen. Die Fußgänger liefen mit eingezogenen Köpfen.

Ballmann fuhr mit der Rolltreppe hinunter in die ausgedehnte Untergrundpassage und dann noch einmal in die S-Bahn-Etage und ein drittes Mal zu den Bahnsteigen. Dumpfe und feuchte Ausdünstung quoll in dieser Bergwerkstiefe hin und her. Finster saßen die Leute auf den Bänken. Ballmann zählte achtzehn alte Frauen, sechzehn davon so dick wie Frau Ballmann, sechs alte Männer, zwei junge Männer und nur ein einziges junges Mädchen, das aber schielte. Ballmann setzte sich auf eine Bank möglichst weit weg von den anderen Leuten, vor allem von den alten Frauen.

Es gibt zwei Typen von alten Frauen, man kann sie nach ihrem Gang einteilen: solche, die hüpfen, und solche, die watscheln. Die Hüpfenden sind meist diejenigen, die die Fiktion der Jugend noch nicht aufgegeben haben. Sie sind geschminkt und haben gefärbte Haare. Die Watschelnden haben kapituliert. Sie haben dicke Beine, und die dicken Füße quellen aus Gesundheitsschuhen, und sie schwenken große Handtaschen in Bodennähe. Fast immer halten sie sich an ihresgleichen. Ballmann konnte es nicht verhindern, daß sich zwei von den Watschelnden neben ihn auf die Bank zwängten. Er wollte schon ohne Rücksicht auf Höflichkeit aufstehen und weggehen, da faszinierte ihn das Gespräch, dessen Zuhörer er unfreiwillig war. Die Watschelnden sprachen von der Schwester der einen, die aus Passau nach Bad Mergentheim übersiedelt war, wo die Nichte des verstorbenen Mannes dieser Schwester lebte, aber dann unversehens krank geworden sei, worauf sie mit dem Gedanken spiele, wieder nach Passau zurückzukehren.

Die andere Watschelnde kannte die Schwester der ersten Watschelnden nicht, die hatte aber ein Bild dabei. Sie kramte in ihrer großen Handtasche, suchte erst die Brille, setzte dann die Brille auf und suchte dann das Bild. Ballmann warf einen verstohlenen Blick auf die Photographie, als die eine Watschelnde sie der anderen gab. Das Bild war postkartengroß und zeigte das Gesicht einer fetten, mürrischen Watschelnden mit Dauerwellen.

»Hübsch«, sagte die andere Watschelnde.

Dann kam die S-Bahn für Ballmann. Sie war fast leer, Ballmann stieg in ein Abteil ein, das er zunächst für sich hatte. Erst am Südbahnhof stieg ein Mann ein, ein offenbar sehr kurzsichtiger Alter in einem schokoladebraunen Anorak, der bis zu den Knien ging. Auf dem Kopf hatte der Alte einen breitkrempigen Pfadfinderhut. Der Alte setzte sich Ballmann gegenüber, blinzelte ihn durch seine sehr dicken Brillengläser mißtrauisch an, zerrte dann einen schlaffen Rucksack vom Rücken, wühlte darin und brachte ein

Stück Käse und ein Messer hervor, mit dem er daumennagelkleine Stücke vom Käse schnitt und in den Mund steckte. Beim Essen schnalzte er mit der Zunge. Außerdem roch er nach Zwiebeln.

An der Haltestelle St.-Ursula-Straße kam ein Kontrolleur.

Der Kontrolleur hielt routiniert seinen Ausweis vor sich hin und bat um die Fahrkarten.

Der Alte mit dem Pfadfinderhut seufzte, schluckte das letzte abgeschnittene Stück Käse, klappte sein Messer zu, steckte Käse und Messer in den Rucksack, fuhr sich gleichzeitig mit einer auffallend langen und blauen Zunge mehrmals rotierend über die Lippen und sagte dann: »Also!«

»Haben Sie keinen Fahrausweis?« fragte der Kontrolleur sanft.

»Sehe ich so aus«, sagte der Alte, »als ob ich einen *Fahrausweis* hätte?« Er hob das nur im Amtsdeutsch gebräuchliche Wort Fahrausweis durch krähende Stimmhöhe heraus.

»So«, sagte der Kontrolleur. »Vierzig Mark.«

Der Alte kicherte. Dann krähte er wieder: »Sehe ich aus, als ob ich vierzig Mark hätte?«

»So«, sagte der Kontrolleur. »Sie sehen dann auch nicht so aus, als ob Sie einen Ausweis hätten.«

»Langsam fangen Sie an, zu begreifen«, krähte der Alte. Man war an der Haltestelle Detjenstraße angekommen. Der Alte – offenbar kannte er das Verfahren – machte sich fertig, um mit dem Kontrolleuer auszusteigen. Der Kontrolleur hatte sich schon abgewandt, wandte sich aber dann doch zu Ballmann zurück und fragte: »Gehören Sie dazu?«

Ballmann schüttelte den Kopf und stand auf.

»Haben Sie auch keinen Fahrausweis?«

»Sehe ich aus«, sagte Ballmann, »wie einer, der einen Fahrausweis hat?«

Der Kontrolleur deutete mit dem Kopf auf die Tür und stieg aus. Der Alte und Ballmann folgten. Draußen setzte sich der Alte sofort an die Spitze der kleinen Gruppe, marschierte durch die Unterführung hinunter und drüben wieder hinauf auf den Perron für den Gegenzug.

»Daß mir keiner versucht, davonzulaufen«, knurrte der Kontrolleur, »sonst werde ich krawottisch.«

Der Gegenzug kam bald.

Mit dem Gegenzug wurden Ballmann und der Alte zurück zum Südbahnhof und von dort auf die nächste Polizeiinspektion verbracht. Die Prozedur lief routinemäßig. Der Kontrolleur schob Ballmann und den Alten vor sich her in die Dienststelle. Der einzige Beamte, der dort saß – er erinnerte Ballmann sofort an Kranich –, schaute nur kurz auf. Der Kontrolleur tippte mit zwei Fingern grüßend an seinen Hut und sagte: »Schwarzfahrt, zweimal.«

»So«, sagte der Polizist und nickte in einer Weise, die besagte: werden wir schon kriegen.

»Gut«, sagte der Kontrolleur und grüßte wieder mit zwei Fingern.

»Also«, sagte der Polizist und warf, ohne den Kopf zu bewegen, Ballmann und dem Alten einen Blick zu.

Ballmann verstand den Blick nicht, wohl aber der Alte. Der Blick hieß: setzen und warten.

Der Alte und Ballmann setzten sich auf eine mit brauner Amtsfarbe gestrichene Holzbank.

Kranich war ein Studienkollege Ballmanns gewesen. Ballmann hatte ihn in den allerersten Semestern kennengelernt, später aber aus den Augen verloren, weil Kranich auf Medizin umsattelte. Ein einziges Mal hatte er später noch von Kranich gehört, durch einen Kollegen, der mit ihm besser bekannt war: Kranich sei Chirurg geworden und habe eine schöne Stellung als Oberarzt im Fränkischen.

Ballmann beobachtete ›Kranich‹, der ohne Hast einen Vorgang bearbeitete, dann den Aktendeckel schloß und nun den Alten ins Auge faßte. Sofort stand der Alte auf, sogar in einer Andeutung von Strammstehen.

»Und?« sagte ›Kranich‹ mit einer gewissen Schärfe. Auch die Stimme Kranichs stimmt, dachte Ballmann.

»Sehe ich aus wie einer«, sagte der Alte, »der seine Personalien angibt? Aber wenn Sie wollen, dürfen Sie Burschi zu mir sagen.«

Den Polizisten ›Kranich‹ regte die Frechheit nicht auf. Ballmann, der immer nur durch des anwesenden ›Kranich‹ Bild hindurch in seine Studienzeit zurückschaute, bemerkte nicht, daß sich ›Kranich‹ nun an ihn wandte.

»Nachher?« sagte ›Kranich‹ etwas ungehalten nach einigen Augenblicken irritiert, weil ihn der Delinquent so unverwandt anstarrte. Ballmann registrierte nicht, daß er angeredet wurde, schwieg, was der Polizist so auffaßte, daß sich Ballmann der Aussage Burschis anschließen wolle.

›Kranich‹ stieß einen gespielten Seufzer aus, der in langgedienter Beamtensprache hieß: wenn ihr es also unbedingt nicht anders wollt ... Dann verfügte er den Transport der beiden renitenten Schwarzfahrer und Personenstandsverweigerer in das Polizeipräsidium.

Als Ballmann zu dem Polizeiauto hinaus und an ›Kranich‹ vorbeiging, ließ er auch noch keinen Blick von dem Polizisten. Das war dem Polizisten unheimlich.

»Mir, kennen mir uns?« fragte der Polizist.

»Heißen Sie Kranich?« fragte Ballmann.

»So ein Blödsinn«, sagte der Polizist und ging zurück in die Wachtstube, drehte sich aber nochmal um und sagte: »Zink heiß ich. Nicht Kranich.«

Der Polizeibeamte, der Burschi und Ballmann im Präsidium in Empfang nahm, war Rechtsanwalt Dr. Lehrbauer. Sehr schlechte Maske, dachte Ballmann, ich erkenne ihn sofort. Also auch Dr. Lehrbauer, mein Freund Max Lehrbauer, oder vielmehr der Max Lehrbauer, den ich für einen Freund gehalten habe ... auch er spielt mit.

Ballmann faßte Dr. Lehrbauer fest ins Auge. Kein Funke des Erkennens blitzte in Lehrbauers Blick auf. Die Maske ist schlecht, dachte Ballmann, aber er verstellt sich sehr gut.

Der Polizist bemerkte Ballmanns scharfen Blick.

»Was schaust denn so frech? Stimmt vielleicht was nicht?« fragte der Polizist.

Ballmann durchzuckte eine Idee.

»Ich möchte«, sagte er, »mit meinem Anwalt telephonieren. Das steht mir zu.«

»So«, (mit kurzem O) sagte der Polizist ›Lehrbauer‹.

»Steht dir zu. *Dein* Anwalt. Hast du einen Anwalt?«

»Ich möchte unverzüglich mit meinem Anwalt telephonieren«, sagte Ballmann bemüht ruhig.

Der Polizist musterte Ballmanns schäbigen, durchnäßten Anzug. Dann sagte er – sichtlich verlegen, nur um etwas zu sagen, während er das schwierige Problem zu bewältigen suchte, das dieser ausweislose Personenstandsverweigerer da aufwarf: »Wird eine große Freude haben, dein Anwalt.«

»Das lassen Sie meine Sache sein«, sagte Ballmann. Burschi grinste gratulierend Ballmann zu, aber so, daß es der Polizist nicht sah.

»So«, sagte der Polizist wieder.

Ich bin neugierig, dachte Ballmann, wie sie das machen: den Lehrbauer hier und den Lehrbauer, der mit mir telephoniert. Ich muß nur sehen, daß der Polizist Lehrbauer bei mir bleibt, während ich mit dem Anwalt Lehrbauer telephoniere.

Ob der Polizist in Wirklichkeit der Anwalt ist oder umgekehrt? Oder nichts von beiden? Was macht er, wenn er weder Anwalt ist noch Polizist? Er wird machen, was Schauspieler hinter den Kulissen machen: nichts; warten, ein Bier trinken, eine Zigarre rauchen, Kreuzworträtsel lösen. Oder ob sie gar nicht leben? An eine Art Kleiderbügel aufgehängt werden?

Der Polizist ›Lehrbauer‹ hatte inzwischen das Problem gelöst: »An und für sich«, sagte er, »gibt es dafür Karten, so Postkarten für Verteidigerbenachrichtigung.«

»Ich weiß«, sagte Ballmann, »aber ich möchte keine Postkarte schreiben, ich möchte telephonieren.«

Der Polizist ging den Weg des geringsten Widerstandes und führte Ballmann in ein Dienstzimmer, das gerade leer war. Bevor er mit Ballmann in dem Dienstzimmer verschwand, warf er einen böse-fragenden Blick auf Burschi: willst du vielleicht auch mit deinem Anwalt telephonieren? Burschi schüttelte sofort den Kopf mit der Miene des Vorzugsschülers, der keine Schwierigkeiten machen will, und setzte sich, seinen Rucksack an sich pressend, auf eine Bank. Der Polizist überlegte kurz, erkannte: der läuft nicht davon, und sah davon ab, Burschi anzuhängen. Die Tür zu dem Dienstzimmer aber ließ er offen, mit einem Auge behielt er Burschi im Blick, während er sich neben dem Telephon aufpflanzte.

»Weißen Knopf drücken, Null wählen, dann kommt ein Amt«, sagte der Polizist. »Die Nummer wirst ja wissen, wenn es *dein* Anwalt ist.«

»Nein«, sagte Ballmann, »ich brauche ein Telephonbuch.«

»Das auch noch«, brummte ›Lehrbauer‹ und begann, die Schubfächer des fremden Schreibtisches auf- und zuzuschieben.

»Oder –«, fragte Ballmann mit Betonung und fixierte den Polizisten, »– oder wissen *Sie* vielleicht die Nummer von Rechtsanwalt *Dr. Lehrbauer?*«
Der spielte hervorragend, verzog kein Fältchen.

»Wie?« fragte er gepreßt, weil er gekrümmt dastand, in der untersten Schublade ganz hinten nachschauend, und immer ein Auge gleichzeitig auf Burschi. Vielleicht, dachte Ballmann, hat ihm bei meiner überraschenden Frage diese gekrümmte Haltung geholfen, der gepreßte Ton über die Schwierigkeit hinweggehoben. »Ich kenn' nicht alle viertausend Advokaten«, sagte der Polizist, »und schon gar nicht die Telephonnummern. Da!« fügte er hinzu. Er hatte ein Telephonbuch gefunden, warf es Ballmann hin und richtete sich wieder auf.

»Ich habe angenommen«, sagte Ballmann und fixierte ›Lehrbauer‹, »grade *die* Nummer würden Sie kennen.«

Keine gekrümmte Haltung und kein gepreßter Ton konnte nun dem Polizisten zu Hilfe kommen, aber nun war wohl die Wirkung der Überraschung verflogen. Ohne ein verräterisches Anzeichen sagte der Polizist: »Schmarrn.«

Ballmann suchte die Nummer der Kanzlei Dr. Lehrbauer, wählte und erfuhr, daß – ich hätte es mir gleich denken können, daß sie sich so aus der Affäre ziehen würden – der Herr Rechtsanwalt nicht in der Kanzlei sei. Bevor der Polizist eingreifen konnte – »He –«, sagte er, »ich habe nichts davon gesagt, daß Sie zweimal telephonieren dürfen –«, wählte Ballmann schnell die Privatnummer Lehrbauers, die im Telephonbuch gleich unter der Kanzleinummer stand. Es meldete sich Frau Lehrbauer. Ballmann nannte seinen Namen. Frau Lehrbauer kannte Ballmann, bedauerte aber: Lehrbauer sei nicht daheim, ob Ballmann schon in der Kanzlei versucht habe? Ja? – Dann sei er wohl grad unterwegs, ob sie was ausrichten solle? »Nein, danke«, sagte Ballmann und hängte ein.

Der Polizist ›Lehrbauer‹ brummte, wagte aber nicht weiter zu schimpfen, da der Delinquent offensichtlich nicht nur dem Rechtsanwalt Dr. Lehrbauer, sondern sogar dessen Frau bekannt war. Die Gelegenheit, sich den Namen des Personenstandsverweigerers zu merken – da Ballmann sich beim zweiten Telephonat mit Namen gemeldet hatte – übersah der Polizist.

123

VIII

Als Ballmann in der Zelle auf seiner Pritsche aufwachte, wußte er sofort, wo er war. Sonst war es oft so gewesen, daß er selbst daheim im Augenblick des Aufwachens keine räumliche und zeitliche Orientierung hatte, was ihm immer den Schrecken eines existentiellen Vakuums einjagte. Besonders schlimm war es aber in fremden Betten, was bei Ballmann nichts irgendwie Außereheliches bedeutete, sondern Dienstreise oder Urlaub. Dienstreisen sind bei Richtern selten. Auswärtige Zeugen werden auf kommissarischem Weg durch den Richter des Wohnsitzgerichtes vernommen. Ein Augenschein ist höchst selten an Orten einzunehmen, die so weit vom Gerichtssitz entfernt sind, daß die Heimfahrt unmöglich wäre. Höchstens, daß einmal die Einladung zu einer Tagung kommt oder auf die Richterakademie nach Trier. Aber da ist es dann so, daß man wählen muß: die Tagungen, die auf die Dienstzeit angerechnet werden, die also als Fortbildung zählen und für die man keinen Urlaub nehmen muß, sind langweilig. Sie befassen sich mit Themen wie: *Das Recht im geteilten Deutschland* oder *Neue Probleme im Zivilprozeß,* und es ödet einen schon an, wenn man nur das Tagungsprogramm sieht. Für die interessanten Sachen – »Richterreise nach London; Gelegenheiten, der Sitzung eines englischen Zivilgerichts beizuwohnen sowie einer Sitzung des weltberühmten Strafgerichts Old Bailey; Informationsgespräche mit englischen Kollegen; Führung durch das Parlament; Ausflug nach Cambridge; die Abende zur freien Verfügung« – muß man Urlaub nehmen, und außerdem muß man sie selber bezahlen. So hocken Richter meist an ihrem Gerichtsort und bewegen sich nicht weiter als von ihren Dienstzimmern in den Sitzungssaal und zurück und mittags in die Kantine. Möglicherweise ist darin der Grund für die auffallend kleinbürgerliche Denkungsart der deutschen Richter zu sehen, einer Art Schrebergärtnergesinnung, die sich im Interesse für Bausparen, Fernsehen und – im Winter – Langlaufen erschöpft. Wenn einer im Sommer Tennis spielt, gilt er in Richterkreisen bereits als Weltmann. Interessen außerhalb der gängigen Konfektionsmentalität sind selten, den Lord-Richter, den königlichen Richter gibt es so wenig wie etwa einen Golfclub für Richter, und eine Weinhandlung – vergleichbar der unnennbar exclusiven kleinen, alten Kellerei in der Middle Temple Lane in London, die *nur* an Richter verkauft – ist undenkbar. Das Symbol des deutschen Richters ist eher der Ärmelschoner als das Schwert der Gerechtigkeit, und selbst einen Bundesrichter kann man sich eher in Trainingshosen vorstellen als im Purpurmantel des Vizekönigs von Indien.

Einzig in der Zeit, als Ballmann Erster Staatsanwalt war, hatte er in der sogenannten NSG-Abteilung häufig Gelegenheit zu Dienstreisen. NSG-Abteilung bedeutete: Abteilung zur Verfolgung von nationalsozialistischen Gewaltverbrechen, und die Tätigkeit dort war für einen auch nur einigermaßen sensiblen Menschen alles andere als erfreulich. Tag für Tag mußte sich Ballmann mit den apokalyptischen Scheußlichkeiten der kleinbürgerlichen Herrenmenschen aus der Zeit vor 1945 befassen. Die Dienstreisen – die ihn einmal sogar nach London und einmal nach Tel-Aviv geführt hatten – waren vergällt durch den Reisegrund: Ballmann mußte Zeugen vernehmen, meist ältere oder alte Juden, und was die erzählten, war weit schauderhafter als der ohnedies schreckliche Akteninhalt. Und dann war die Tätigkeit unbefriedigend. Kaum einer der alten Nazi war wirklich zu fassen. Die Beschuldigten waren inzwischen naturgemäß alles alte Knacker, die mit ärztlichen Attesten um sich warfen, sich in tränenreichen Entschuldigungen ergossen und – bestenfalls – vor der Anklageerhebung vor Schreck abstarben, worauf die Mitbeschuldigten die ganze Verantwortung auf sie schoben. Häufig aber auch saßen die Beschuldigten in sogenannten exponierten Positionen, nicht zuletzt in der Justiz selber.

Meistens waren die Herren in den exponierten Positionen Mitglieder der CDU oder CSU. Ballmann, der nie mit dem Sozialismus sympathisiert hatte, vermerkte das damals rein statistisch, wenngleich mit Nachdenklichkeit. Selten war ein SPD-Mitglied unter den ›exponierten Personen‹, nie ein FDP-Mitglied (aber solche gibt es ohnedies kaum welche), immer nur CDU- und CSU-Parteigenossen. »Ist das nicht merkwürdig?« hatte Ballmann einmal zu Oberstaatsanwalt Dr. F. gesagt, »ich meine nicht, daß man CDU und CSU verdächtigen soll – und so weiter, aber die Tatsache ist doch merkwürdig, oder?«

»Wahrscheinlich Zufall«, sagte Oberstaatsanwalt Dr.

F. kühl, dann schaute er aber Ballmann an, ließ seine dienstliche Maske etwas sinken und fügte glitzernd hinzu: »Betrachten Sie es so, daß die betreffenden Herren am 8. Mai 1945 gegen Abend aus tiefinnerer Überzeugung zu christlich-demokratischer Gesinnung konvertiert sind.«

Nach weniger als einem Jahr meldete sich Ballmann aus der NSG-Abteilung weg und bekam ein Straßenverkehrsreferant. Wenn bei Trunkenheitsdelikten im Straßenverkehr Persönlichkeiten in exponierten Positionen aufschienen, war festzustellen, daß sich die Parteizugehörigkeiten die Waage hielten.

Und im Urlaub natürlich hatte Ballmann in fremden Betten geschlafen. Den Urlaub verbrachte die Familie Ballmann seit Jahren regelmäßig in einer preisgünstigen Familienpension mit Möglichkeit zur Selbstverpflegung in Kärnten. Frau Ballmann wollte wandern. Ballmann vermutete, daß sie abzunehmen hoffte. Sie nahm aber nicht ab. Nicht nur am ersten Morgen, fast die ganze Zeit dieser Aufenthalte wußte Ballmann im Bett beim Aufwachen oft minutenlang nicht, wo er war.

Heute wußte er es sofort: in einer Zelle des Polizeigefängnisses.

Vielleicht, dachte Ballmann, weiß ich es, weil ich das System – ›das System‹ nannte er es von nun an – jetzt durchschaut habe.

»Guten Morgen«, sagte Burschi. Er hatte auch auf der Pritsche seinen tiefsitzenden Pfadfinderhut auf, selbst im Schlaf, hatte Ballmann gestern bemerkt. Zum Schlafen klappte Burschi die hintere Krempe nach oben. Offenbar schlief er ausschließlich auf dem Rükken. »Guten Morgen – gut geschlafen? Was hast du geträumt?« Burschi richtete sich auf. Die Pfadfinderhutkrempe schlappte in die Horizontale. Burschi senkte seine Stimme und fuhr ernsthaft fort: »Der erste Traum, wenn man wo zum ersten Mal schläft, geht in Erfüllung. Echt!«

»China«, sagte Ballmann, was für Burschi einigermaßen sibyllinisch klingen mußte, »China gibt es gar nicht.«

Vielleicht, überlegte Ballmann, war der Traum ein Tagesrest. Es könnte sein, daß er gestern oder vorgestern in der Zeitung eine Annonce für die neuerdings beliebten Reisen nach Rotchina gelesen hatte. (Ballmann hatte immer noch die Zeitung gelesen, auch seit er am Montag oder spätestens am Dienstag erkannt hatte, daß es die Welt nicht gab, daß also die ganzen Nachrichten, die da drinnen standen, Schmonzes waren. Ballmann las die Zeitung nicht mehr unter dem Gesichtspunkt der Information, sondern aus Neugier, um zu sehen, was sie sich alles einfallen lassen würden, um ihm, Ballmann, etwas vorzulügen.) Vielleicht hatte diese Annonce als Tagesrest den Keim für diesen Traum gelegt: die eigentliche Reise nach China kam nicht vor. Ballmann war schon dort, wahrscheinlich in Peking, jedenfalls in einer großen, fremden Stadt in einem offensichtlich für kapitalistische Fremde vorbehaltenen Hotel. Ballmann gehörte zu einer Reisegruppe, von der er niemand kannte außer der Schriftstellerin Barbara König, die er in Wirklichkeit überhaupt nicht kannte – also in der Wirklichkeit, die Ballmann als solche vorgegaukelt wurde –, von der er nur vor einiger Zeit ein

Buch gelesen hatte, auf dessen Rückseite ein Bild der Autorin abgedruckt war.

Das Hotel war modern, enorm eckig, betont unchinesisch und sichtlich in – ziemlich mißlungener – Anlehnung an westliche Hotelbauten errichtet. Alle Wände waren blaßgrün gestrichen, und obwohl alles sauber und neu war, wirkte es schäbig und ärmlich. Wahrscheinlich, dachte Ballmann, ein realistischer Traum-Eindruck, das heißt: so, wie sie mir, wenn ich eine Reise nach China unternähme, das auch nur eine Kulisse wäre, das sozialistische Devisen-Hotel vorgaukeln würden.

Eine Dolmetscherin, eine Chinesin, begleitete die Gruppe, und einige andere Chinesen gingen und standen umher, wohl staatliche Aufpasser, was daran zu erkennen war, daß sie sich immer furchtbar aufregten, wenn einer aus der Gruppe Miene machte, einen Schritt weg vom vorgesehenen Weg zu machen. Sie waren nicht unfreundlich oder brutal, schnatterten nur und fuchtelten, bis der Ausreißer, bevor er etwas Unvorhergesehenes zu Gesicht bekam, sich wieder in die Gruppe fügte.

Man nahm das Mittagessen ein. Man bediente sich aus großen – sehr sauberen und ordentlichen – Schüsseln. Das Menu war denkbar unchinesisch und doch wieder chinesisch. Ballmann erinnerte sich, im Traum gedacht zu haben: es ist so, als ob ein chinesischer Koch – Verdienter Koch des Volkes –, der nie aus Peking hinausgekommen war, anhand von Abbildungen auf westlichen Konservendosen versucht, die Küche eines französischen Restaurants mit drei Sternen im Guide Michelin zu imitieren.

Vom offenen Speisesaal aus sah man eine Reihe von großen, gelben, sauberen, freudlosen Wohnblöcken. Eine unsichtbare Wand war zwischen dem Speisesaal und diesen Wohnblöcken. Die Dolmetscherin hatte es auch nicht gern, wenn man in diese andere Welt hinausschaute, schnatterte sofort auf einen ein, wenn sie bemerkte, daß man es tat. In den Fenstern der Wohnblöcke war kein Mensch zu sehen. Wahrscheinlich ist es verboten, dachte Ballmann, den Kapitalisten beim Essen zuzuschauen. Wahrscheinlich tun es die Chinesen aber doch, nur so, daß man sie von außen nicht sieht.

Als die Dolmetscherin bemerkte – hier steigerte sich Ballmanns Traum förmlich zu einer Anekdote –, daß Ballmann auf die Wohnblöcke und ihre Fenster hinausstarrte, stürzte die Dolmetscherin herbei und fing an, das Essen zu loben, obwohl sie selber nichts aß. Die Dolmetscherin konnte gut deutsch, nur das Wort für Kalbfleisch wußte sie nicht, oder es fiel ihr nicht ein. Sie behalf sich damit, daß sie sagte: »– Fleisch von Fräulein-Kuh.«

Burschi lachte laut: »Fräulein-Kuh – du träumst aber hervorragend. Ich träume nie solche Sachen. Wenn ich träume, dann träume ich meistens von Aborten. Jawohlja. Ob du es glaubst oder nicht: von riesigen, unglaublich dreckigen Aborten. Ich träume dir oft von Aborten, sage ich dir, die sind so groß wie . . . so groß wie . . . und dreckig . . . verkrustet und dreckig, daß man kaum hintreten kann. Einmal habe ich von einem Abort geträumt, der war so groß wie die Halle vom Hauptbahnhof. Eine Klosterfrau suchte ›Damen‹ – komisch, oder?«

Ziemlich bald wurden Ballmann und Burschi abgeholt und dem Schnellrichter vorgeführt. Von Montag bis Freitag sind zwei bestimmte Richter – die im Polizeipräsidium ihr Dienstzimmer haben – mit dieser Aufgabe betraut. Heute war Samstag. (»31. März«, sagte Burschi, »Guido von Pomposa. Ich weiß sowas. Ich war in einem Priesterseminar, weil ich ja ein Siebenmonatskind war.« Den rätselvollen Zusammenhang aufzuklären, war dann keine Zeit, denn Burschi wurde hineingeführt, Ballmann mußte warten.) Am Samstag ist die Schnellrichterstelle jourdienstmäßig besetzt, jeden Samstag ein anderer. Jeder Strafrichter vom Amtsgericht kam der Reihe nach dran. Also meist jüngere Kollegen. Ballmann würde ihn nicht kennen.

Oder, fragte sich Ballmann, hat der Schauspieler, der heute die Aufgabe hat, mir gegenüber die Rolle des Schnellrichters im Polizeipräsidium zu spielen, den Auftrag, mich zu erkennen?

Ballmann war nie Schnellrichter gewesen, weil er ja nie Amtsrichter gewesen war. Aber bei der Staatsanwaltschaft mußte man ab und zu den Staatsanwaltschaftsdienst beim Schnellrichter versehen. Das hatte Ballmann wie jeder Kollege oft gemacht. Es war sehr unbeliebt, weil die Kunden so stanken. Der Protokollführer, naturgemäß einer von der abgebrühtesten Sorte, hatte ein Tannenduft-Spray, mit dem er nach jedem zweiten oder dritten Fall im Zimmer herumsprühte. Es half nicht viel. Der Tannenduft war süßlich, und nach dem Sprühen stank es dann süßlich und säuerlich vermischt.

Ballmann wußte also noch den Weg. »Du kennst dich

hier aus?« sagte Burschi mit einem Anflug von Respekt.

Ballmann machte eine Geste, die ja und nein bedeuten konnte.

»Nur eins verstehe ich nicht«, sagte Burschi, »warum gibt es China nicht?«

»Das kann ich niemandem erklären«, sagte Ballmann, »auch Ihnen nicht.«

Was war der Traum? Was waren Träume? Die Träume können sie mir nicht vorgaukeln. Träumen tu' ich, was ich will. Die Träume gehören mir allein. Sind die Träume daher das einzig Wirkliche? Das ist oft schon gesagt worden: die Träume sind das einzig Wirkliche. Das habe ich ein paar Mal schon gelesen, habe nur nicht gewußt, daß das so zu verstehen ist.

Es gibt verschiedene Grade von Schauspielern. (Es gibt sogar Schauspieler, die Schauspieler spielen, wenn ich nämlich ins Theater gehe. Aber ich gehe nicht mehr ins Theater. Sie können sich das sparen.) Es gibt Schauspieler, die sind ständig oder so gut wie ständig beschäftigt: Frau Ballmann, zum Beispiel, oder die Kinder, oder der alte Ballmann, mein Vater. Die sind natürlich mit der einen Rolle ausgelastet, weil sie ständig um mich sein müssen. Frau Ballmann, an der ich jedes Muttermal kenne, mit einer anderen ephemeren Rolle zu betrauen, wäre wohl zu gefährlich. Die muß sogar das Älterwerden spielen, die Kinder das Wachsen – aber Schauspieler werden ja auch älter. Oder Welisch, Mittag und Stubenmeier, meine Räte – obwohl sie sogar dem Welisch auch die Charge des kleinen schwarzgekleideten Menschen gegeben haben, der versucht hat, mir eine Zeitschrift zu verkaufen –

es gibt wahrscheinlich nicht so sehr viele von ihnen. Mit wie vielen kann man mir die Welt vorgaukeln? Mit tausend? Tausend genügen. Sicher. Tausend genügen. Nein, natürlich genügen tausend nicht. Ich war ja ein paarmal in der Oper. Die Oper faßt zweitausend Leute. Es war ausverkauft, das heißt: sie haben getan, als wäre es ausverkauft. Also zweitausend. Wieviel Leute – zahlenmäßig – sieht man, wenn man, sagen wir an einem verkaufsoffenen Samstag durch die Fußgängerzone in der Innenstadt geht? Man hat das Gefühl, man sähe Tausende, aber das stimmt wahrscheinlich nicht. Wahrscheinlich kann man mit ein paar hundert, vielleicht sogar mit ein paar Dutzend Leuten die Illusion einer unendlichen Menge hervorrufen, die sich durch die Fußgängerzone wälzt. Sie gehen fallweise nach hinten, ziehen sich um, bekommen einen falschen Bart angeklebt und kommen vorn wieder.

Aber zweitausend müssen es insgesamt sein. Oder doch mehr? Ich könnte mir einfallen lassen, einmal zu einem Europapokal-Spiel ins Fußballstadion zu gehen. Ob sie das in Verlegenheit bringt? Neunzigtausend, heißt es, kommen da. Vielleicht stellen sie dann – weiter weg – Pappkameraden auf.

Und dann gibt es solche, die täglich, ja stündlich eine andere Rolle spielen müssen: den Kranich, damals, einen Polizisten, einen Fahrgast, der mir in der S-Bahn gegenübersitzt. Burschi habe ich bestimmt hundert Mal schon gesehen. Er ist mir nie aufgefallen, weil er immer nur ganz kleine Rollen gehabt hat, Statist. Jetzt hat er endlich eine größere Rolle bekommen.

Ob sie sich um die Rollen raufen? Oder sie leben gar nicht wirklich. Sie werden nach der Vorstellung wie Marionetten weggehängt, wenn sie nicht gebraucht werden. Ob sie es gern machen?

Die Sache ›Richter‹ wurde aufgerufen.
Ballmann stand auf.
Er hatte heute früh bei der neuerlichen Vernehmung durch einen – anderen – Polizisten nicht die Unwahrheit gesagt, aber auch den Irrtum nicht berichtigt. Daß ein Richter vor das Schnellgericht im Polizeipräsidium käme, überstieg das Vorstellungsvermögen des Polizisten, also hielt er ›Richter‹ für den Familiennamen Ballmanns.
»Doktor –«, sagte dann Ballmann noch und beobachtete den Polizisten (der im übrigen niemandem glich).
Der Polizist schaute von seiner Schreibmaschine, in die er das Protokoll tippte, auf und blinzelte: »Doktor?« Ballmann nickte.
Der Polizist sagte »Schmarrn –«, dann aber: »– ach so – Heilpraktiker, oder? Na ja – damit etwas drinsteht –« Ohne eine Antwort Ballmanns abzuwarten, hatte der Polizist dann unter Beruf: Heilpraktiker vermerkt, unter Anschrift: ›o. f. W.‹, was ohne festen Wohnsitz bedeutete.
So stand ein Richter, Martin, angeblicher Heilpraktiker, geb. 18. 3. 1929 in München, o. f. W., vor dem Schnellrichter, einem bärtigen, hilflosen jungen Mann, der das zum ersten Mal machte, seine Unsicherheit krampfhaft zu verbergen suchte und immer hilfesuchend zum Protokollführer schaute, wenn er nicht

wußte, was zu machen war. Der Staatsanwalt, sichtlich auch keine Leuchte, war für den Richter auch keine Hilfe.

»Vier Tage«, flüsterte der Protokollführer dem Richter zu.

Der Richter verurteilte den Richter, Martin wegen Personalienverweigerung, Ausweislosigkeit und Beförderungserschleichung zu vier Tagen Freiheitsstrafe und erteilte einen Unterkommensauftrag, der ›Richter‹ schriftlich ausgehändigt wurde. Er besagte, daß sich Richter, Martin nach Kräften bemühen müsse, binnen sechs Wochen nach Haftentlassung eine feste Wohnung zu finden und sich polizeilich zu melden.

»So«, sagte der Richter dann, klappte die naturgemäß dünne Akte zu und schob sie zur Seite, »Heilpraktiker sind Sie –«, er senkte seine Stimme in Tonbereiche sonorer menschlicher Anteilnahme: »Sie haben auch schon bessere Tage gesehen? Aber vielleicht geht es eines Tages wieder aufwärts, reißen Sie sich am Riemen, nicht?« Die Stimme hob sich wieder um eine Lage in den Amtston: »Und nehmen Sie die Strafe an?«

Dir werde ich's geben, dachte Ballmann, der einen Augenblick lang vergaß, daß das ja nur ein Schauspieler in Richtertracht war, der da vor ihm saß.

»Das Verfahren«, sagte Ballmann, »leidet an einem Verfahrensmangel.«

Der Richter schaute verblüfft.

»Ja«, sagte Ballmann. »Sie haben vergessen, mir das letzte Wort zu erteilen. Das gilt auch für das Verfahren beim Schnellgericht.«

Der Richter und der Staatsanwalt wechselten Blicke,

dann schauten beide zum Protokollführer, dem aber trotz langer Erfahrung so etwas noch nicht untergekommen war, weswegen er einen runden Rücken machte und mit eingezogenem Kopf in seinen Formularen blätterte.

Das Schnellgericht oder besser sogenannte Schnellgericht ist nichts anderes als – theoretisch – ein Teil des normalen, ordentlichen Amtsgerichts mit lediglich vereinfachter oder eher abgeschliffener Prozedur, die in keinem Gesetzbuch steht. Genauerer Nachprüfung hält keines der Schnellgerichtsverfahren stand, aber es prüft niemand nach, am wenigsten die schnell Gerichteten. Richter und Staatsanwalt spickten in der Strafprozeßordnung, fanden aber nichts, denn in der Strafprozeßordnung gibt es kein Schnellgericht.

»Tja –«, sagte dann der Richter zum Staatsanwalt, »was meinen Sie?«

»§ 258, II StPO gilt offenbar tatsächlich auch hier –«, sagte der Staatsanwalt.

Der Richter wandte sich an Ballmann: »Warum wollen Sie denn unbedingt Schwierigkeiten machen?«

»Nicht *ich* mache Schwierigkeiten«, sagte Ballmann. »*Sie* haben unordentlich gearbeitet.«

»Ich lasse mir von Ihnen –«, schrie der Richter.

»Sie schreien nur«, unterbrach ihn Ballmann, »weil Sie wissen, daß Sie nicht recht haben.«

Der Richter wurde weiß vor Zorn, zog die Akte ›Richter, Martin‹ wieder an sich und schlug sie auf. Aus den Akten kam ihm die Erleuchtung: »Dann müssen wir eben das Verfahren wiederholen.«

»Das geht nicht«, sagte Ballmann. »Ihr Urteil existiert. Es beruht nur auf einem falschen Verfahren.

Sie können doch nicht ein bestehendes, in öffentlicher Sitzung verkündetes Urteil wegwischen wie einen Tintenfleck. Wie wollen Sie denn das machen? Durch *Beschluß,* oder wie?«

»Was heißt: öffentliche Sitzung –«, sagte der Staatsanwalt, »es ist doch gar niemand da, ich meine: kein Zuhörer –«

»Ach«, sagte Ballmann, »und da meinen Sie, es wäre deswegen keine öffentliche Sitzung? Interessant. Wo haben Sie denn Ihr Examen gemacht? In der Baumschule?«

Der Staatsanwalt stotterte etwas, schlug gleichzeitig mit der flachen Hand auf seinen Schreibtisch und sprang auf. Ehe er aber noch etwas sagen konnte, sagte Ballmann: »Ruhig – schließlich haben Sie Mist gemacht und nicht ich –«

»Das – das – da – da –«, sagte der Richter, »also da muß ich schon ... schließlich habe ich mich, haben wir uns, hat der Herr Staatsanwalt und ich nur, haben ich ... uns ... keine Personalien ... et cetera ... und Beförderungserschleichung ... muß doch energisch bitten –«

»Das nicht«, sagte Ballmann, »aber Rechtsbeugung. Oder wollen Sie behaupten, daß Sie § 258, II StPO nicht gekannt haben? Dann wäre es nur dienstliche Unfähigkeit –«

»Was man sich alles bieten lassen muß –«, schrie der Staatsanwalt.

Der Protokollführer erkannte, daß die Situation in eine Sackgasse zu geraten drohte. Er gab den Juristen ein Zeichen mit den Augen, stand auf und ging zu Ballmann.

»Mensch«, sagte er leise, »du Trottel. Wie lang willst du denn in den Knast, du Querulant?« Etwas lauter: »Verzicht auf Rechtsmittel?«

Ballmann sagte nichts.

Der Protokollführer kehrte an seine Schreibmaschine zurück und tippte: »Verzichtet auf Rechtsmittel.« Er zog das Protokoll aus der Maschine. »Damit ist der Formfehler geheilt. Wahrscheinlich.«

Erleichtert klappte der Richter die Akte ›Richter, Martin‹ das zweite Mal zu, unterschrieb – ohne ›Richter, Martin‹ aus den Augen zu lassen – das Blatt, das ihm der Protokollführer hinschob und gab dann dem Polizisten des Vorführdienstes, der die ganze Zeit unberührt und unbeweglich hinter Ballmann gestanden hatte, einen Wink: abführen!

Jetzt haben sie sich verraten, dachte Ballmann. Wenn die Welt nicht vorgegaukelt wäre – es wäre unmöglich, daß die beiden bei all dem, was ich gesagt habe, nicht bemerkt hätten, daß ich Jurist bin, ein alter Hase, mich auskenne. Die beiden schlechten – nein: guten Schauspieler hatten den Auftrag, unter keinen Umständen Verdacht zu schöpfen, daß mit ›Richter, Martin‹ etwas nicht stimmte.

»Warum hat es bei dir so lang gedauert?« fragte Burschi, als Ballmann zurück in die Zelle kam.

Ballmann schilderte die Szene.

Burschi lachte. »Glänzend«, sagte er, »ich selber würde sowas zwar nie machen, oder schau ich so aus wie einer, der sowas machen würde? Aber wenn ein anderer sowas macht, finde ich das großartig. Hast du auch vier Tage bekommen? Logisch. Ich auch. Logisch. Heute ist ja Samstag.«

138

»Wie –? fragte Ballmann.

»Logisch«, sagte Burschi, der doch offenbar juristisch – zumindest auf diesem Spezialgebiet – ein noch älterer Hase war als Ballmann. »Am Samstag kriegst du immer vier Tage. Weil: der gestrige Tag zählt ja mit, am Sonntag wird im Knast nicht entlassen – also Montag: Freitag, Samstag, Sonntag, Montag – vier Tage. Montag – 2. April, San Francesco di Paula –«

»Ach«, sagte Ballmann.

»Ja – wenn die dir nur drei Tage gegeben hätten, hätten die im Knast extra am Sonntag die Entlassung machen müssen. Das geht doch nicht. Da kriegen die ja einen Krampf. Die ganzen Schreibtische aufsperren. Und et cetera. Die kriegen glatt einen Krampf und beschweren sich beim Amtsgerichtspräsidenten über den Richter.«

»So«, sagte Ballmann. »Haben Sie jetzt Ihren Namen angegeben?«

»Das ist kein Name«, seufzte Burschi, »das ist eine Zumutung. Vielleicht sage ich ihn dir gelegentlich, wenn wir in die gleiche Zelle kommen sollten.«

»Warum haben Sie ihn bei der Polizei nicht gesagt?«

»Warum nicht? Weil ich dann nicht in den Knast gekommen wäre.«

»Wollen Sie denn in den Knast?«

»Logisch«, sagte Burschi, »weil es dort morgen ein halbes Huhn gibt. Wahrscheinlich mit Pommes frites.« Burschis Augen glänzten.

»Woher wissen Sie denn das?«

»Na ja«, sagte Burschi, »man hat so seine Informationen.«

IX

Wenn alle Delikte verfolgt und bestraft würden, die strafbar sind, säßen ständig zwei Drittel der Bürger im Gefängnis, wobei bereits die wirklichen, auch im landläufigen Sinn kriminellen Elemente nicht berücksichtigt sind, also: zwei Drittel der sogenannten anständigen Zeitgenossen. Ein braver Lebenswandel besagt gar nichts, und derjenige, der von sich sagt, er sei ein Mensch mit Schwächen, aber er habe noch niemandem etwas zuleide getan, *sei nie mit dem Gesetz in Konflikt gekommen,* ahnt nicht, wie nahe er ständig dem Gefängnistor lebt. Nicht einmal der Jurist ahnt das, obzwar sich ihm – oft, muß man leider sagen, durch Erfahrung am eigenen Leib – im Lauf seines Juristenlebens die überwältigende Vielfalt der Straftatbestände in unserem Leben entfaltet.

Mord und Totschlag, Raub und Diebstahl und die Spielarten dieser Delikte sind den Bürgern geläufig, die begehen sie nicht, die spielen aber auch keine große Rolle im Leben der Gesellschaft. Wer begeht schon einen Mord: jeder Hunderttausendste, hoch gerechnet. Mörder und Räuber könnte man unbestraft lassen, wenn man ernstmachen würde mit der Handhabung aller feineren, wenig bekannten, subtilen Delikte; schon deswegen, weil die paar Mörder allenfalls noch Gelegenheit hätten, sich gegenseitig umzubringen, wenn alle anderen im Gefängnis säßen.

Was sind diese anderen Delikte? Betrug, zum Beispiel.

Wer weiß schon wirklich, was Betrug ist. Nicht einmal die Juristen sind sich über die Definition einig. Klar ist nur: wenn einem zehn Pfennig zuviel herausgegeben werden, man merkt es und behält sie doch, dann ist das ein Betrug, strafbar mit Gefängnis oder, genauer gesagt: Freiheitsentzug. Von den Steuerdelikten soll gar nicht geredet werden. Hier ist die Gesetzgebung so, daß ausnahmslos jeder, der Steuern zahlt, auch gleichzeitig Steuern hinterzieht oder verkürzt, jeder, einschließlich der Finanzbeamten. Nur Landstreicher, Penner und Geisteskranke in geschlossenen Anstalten sind einigermaßen sicher davor, nicht ständig steuerstrafrechtlich relevante Tatbestände zu setzen. Wenn man einem Karthäusermönch einen Rosenkranz schenkt, müßte der das in seiner Steuererklärung angeben.

Dann die Fülle der Möglichkeiten, gegen Vorschriften der Paß- und Ausweisverordnungen zu verstoßen, die Personenstandsdelikte, die unabsehbaren lebensmittelrechtlichen Vorschriften, gar nicht zu reden von Gesetzen, die überhaupt niemand versteht: Bank- und Börsengesetze, Reichsversicherungsordnung, Aktien- und GmbH-Gesetze, die unendliche Flora der Verwaltungsvorschriften von der Bauordnung bis zu Friedhofs-, Kamin-, Wasser-, Brandschutz-, Flurbereinigungs- und Tierseuchenbestimmungen, die alle, alle – sofern sie auf sich das geringste halten, über strafbewehrte Paragraphen verfügen.

Was die Konkursordnung für ungeahnte, von niemandem gekannte Deliktfallen enthält, war Ballmann bei seiner Arbeit am *Lehrbuch* – die er wohl nie fortsetzen würde – wieder klargeworden.

Niemand ahnt, wie nahe er ständig am Gefängnis entlanglebt, oder besser gesagt: die wenigsten wissen, daß sie eigentlich ständig ins Gefängnis gehören. Das Staatsleben ist nur möglich, weil es unmöglich ist, alle Delikte zu kennen, geschweige denn zu verfolgen und zu bestrafen. Es ist schon deshalb unmöglich, weil, wenn alles ordnungsgemäß verfolgt würde, niemand mehr da wäre, um zu verfolgen und zu bestrafen. Selbst die Richter säßen im Gefängnis. Wie gesagt, entfaltet sich selbst für den Juristen erst im Lauf seines Lebens voll der Fächer der möglichen Delikte. Auch bei Ballmann war das so.

Da war die Geschichte mit Frau Ballmanns Schwester Marion, verheiratete Mehlbraun. Herr Mehlbraun, Ingenieur, wurde von seiner Firma für vier Jahre ins Ausland delegiert, um ein großes Projekt zu betreuen. Herr und Frau Mehlbraun hatten einen Bausparvertrag und kassierten jährlich die staatliche Bausparprämie von vierhundert Mark. Das ist aber nur möglich, wenn man im Inland lebt. Der Familie Mehlbraun würden also – rechnete Schwager Ing. Hugo Mehlbraun aus – sechzehnhundert Mark entgehen in den vier Jahren, die sie in Madagaskar verbringen würden. Also erklärte sich Ballmann bereit – der zu der Zeit selber grade keinen Bausparvertrag mehr laufen hatte –, den Mehlbraunschen Vertrag zu übernehmen. Das war noch legal. Mit keinem Gedanken kam Ballmann, obwohl Jurist, auf die Idee, daß die folgende Abmachung aber illegal war: Ing. Hugo Mehlbraun würde jährlich einen bestimmten Betrag an Ballmann überweisen, der diesen Betrag auf den Bausparvertrag einzahlen und am Ende des Jahres die Prämie beantragen würde. Nach vier Jahren sollte der Bausparvertrag nebst Zinsen und nebst inzwischen angefallenen vier Prämien an Hugo und Marion Mehlbraun zurückübertragen werden.

Ballmann war damals Vorsitzender einer Kleinen Strafkammer – seine erste Tätigkeit als Landgerichtsdirektor – und hatte eines Tages, es war im dritten Jahr der Mehlbrauns in Madagaskar, einen exakt parallel liegenden Fall als Berufungsinstanz zu verhandeln, nur war es dort – Ballmann würde es nie vergessen: Herzlein hieß der Mann – zu einem Nachspiel gekommen. Der Bruder Franz Herzlein hatte sich nach der Rückkehr des Bruders Peter Herzlein geweigert, die Prämie zurückzuübertragen, worauf Peter Herzlein nichtsahnend Zivilklage erhoben hatte, ein Schuß, der nach hinten losging, denn nun standen beide Brüder wegen Betrugs und Steuerhinterziehung vor Gericht.

Als Ballmann die Akte ›Herzlein‹ das erste Mal las, wurde ihm fast schlecht. Trotzdem mußte er die Sache natürlich verhandeln. Er verurteilte die Brüder zu je einer Geldstrafe von sechzehnhundert Mark. Der Amtsrichter hatte sie in erster Instanz zu Gefängnis mit Bewährung verurteilt. Wahrscheinlich hatte der Amtsrichter keinen Schwager in Madagaskar. Nun: er, Ballmann, würde Mehlbraun das Geld sowieso ohne Anstände zurückgeben, aber was weiß ein Mensch, welche vertrackte Zufälle es gibt, daß sowas irgendwie anders auch aufkommt. Dann würde er, Ballmann, nicht hier oben am Richtertisch sitzen, sondern unten auf der Anklagebank.

»Nicht Verdienst«, hatte Oberstaatsanwalt Dr. F.

seinerzeit seinem jungen Gerichtsassessor Ballmann gesagt, »nicht Verdienst und nicht Herkunft und nicht Bildung bestimmen, ob man bei der Verteilung der Rollen im Lebensspiel zu den Räubern oder zu den Gendarmen kommt, sondern ausschließlich, lieber Herr Ballmann, ausschließlich der pure Zufall. Es ist ganz gut, sich das hie und da vor Augen zu halten, wenn man auf die Würstchen auf der Anklagebank hinunterschaut.«

Jedesmal, wenn Ballmann etwas im Gefängnis zu tun hatte, dachte er daran, wenn er die Häftlinge sah, die scheinbar auf der anderen Seite der Wertskala angesiedelt waren. Die Skala ist ein Ring, traf sich am Ende. Ein Uhr und zwölf Uhr sind nah beieinander. Ballmann war jedesmal froh, wenn er wieder heraußen war. Er wußte, wie dünn die Wand ist, die jeden vom Gefängnis trennt.

Jetzt war es soweit, dachte Ballmann, als er in die Zelle geführt wurde (in der Burschi schon saß).

»Na!« sagte Burschi nur.

Nicht die Schlösser und Gitter, nicht die Demütigung, die Degradierung vom Subjekt zum Objekt hatten Ballmann bedrückt, wenn er Häftlinge gesehen und an die – abgewickelte, nicht aufgekommene, der Verjährung entgegenwachsende – Sache Bausparvertrag Mehlbrann gedacht hatte, sondern der fettige, abgestandene Geruch. Strafanstalten haben einen tranigsäuerlichen Geruch wie alle ähnlichen Einrichtungen, wie Kasernen, Jugendherbergen, Turnhallen und Skihütten, auch Bahnhofswartesäle, Standesämter, Impfanstalten und Garküchen: eine Duftnote aus Margarine, Bohnerwachs, Schweiß und Urin.

Ich habe immer gewußt, daß es unumgänglich ist –
daß es mich treffen muß. Es ist gerecht, daß es mich
trifft. Was hätte ich schon getan, daß ich eine Ausnahme sein sollte, daß ich nicht hinuntersinke, wo ich
hingehöre, weil jeder hingehört? Wenn er je ins Gefängnis kommen würde, hatte Ballmann immer gedacht, würde er keinen Bissen von dem hinunterbrin-
gen, was in dieser Luft gekocht würde. Schon die Kübel, in der die grünliche Suppe ausgefahren wurde,
von Zellentür zu Zellentür, obwohl betont sauber,
nichts zu sagen – »sauberer als in manchem Hotel mit
vier Sternen!« hatte damals der Gefängnisdirektor
bei der Führung für Richter und Staatsanwälte gesagt –, schon die Kübel strömten den Duft in förmlich
konzentrierter Form aus.
Aber am Sonntag aß Ballmann dann doch das Huhn.
An den Geruch gewöhnt man sich. Außerdem wußte
Ballmann ja heute, daß es das Gefängnis überhaupt
nicht gab. Daß auch das Gefängnis nur Kulisse war.
Vielleicht stellten sie den Duft synthetisch her. Ob
Häftling eine beliebte Rolle ist?
»Priesterseminar?« fragte Burschi. »Ja, ja. Siebenmonatskind. Ich bin nämlich *Kelte*.«
Was für ein bizarrer Einfall, dachte Ballmann, mir
diesen Burschi beizugesellen.
»*Kelte*«, wiederholte Burschi, »oder meinst du, ich
sehe aus wie einer, der kein Kelte ist? Wenn du die
Knochen von deinem Huhn nicht besser abfieselst,
dann gib sie mir her. Ich stamme aus einer rein kelti-
schen Gegend. Du kennst sie sicher nicht.
Tut auch nichts zur Sache. Wenn du ein Experte
wärst, hättest du meinen speziell keltischen Akzent

erkannt. Die Kelten sind sozusagen ein Urvolk. Ich möchte nicht gerade behaupten, daß wir die allerfriedlichsten waren, im Gegenteil, nirgends wird so viel gerauft wie in keltischen Gegenden, zum Beispiel bei uns daheim, aber es fehlt uns das richtige Organisationstalent. Wir haben keinen Überblick. Man kann sogar sagen, daß wir förmlich einen Hang zur Selbstzerstörung haben. Förmlich.«

Burschi tauschte die Blechteller aus, schob seinen Teller mit dem bis auf die kleinste Faser abgenagten halben Hühnerskelett zu Ballmann hin und zog dessen Teller zu sich her, schleckte die Finger seiner rechten Hand einzeln sorgfältig ab und machte sich dann über die Knochen von Ballmanns Huhn her.

»Früher lebten in Europa praktisch nur Kelten. Dann sind die anderen gekommen, die Hunde. Römer und so weiter. Germanen, Slawen, et cetera, was du willst. Woher die gekommen sind? Das weiß kein Mensch. Die Kelten sind nirgendwo hergekommen. Die Kelten waren immer da. Ein Urvolk. Irgendwer muß ja da gewesen sein, bevor die anderen gekommen sind, logisch, oder? Wenn du verstehst, was ich meine. Und dann haben sie systematisch die Kelten verdrängt. Die Kelten hatten nicht den Überblick, das spüre ich ständig auch an mir, keinen Überblick, habe ich schon gesagt. Also: theoretisch, sozusagen wissenschaftlich schon, siehst du ja, daß ich dir das alles erzählen kann, aber *praktisch* nicht. Das war der springende Punkt. Der praktische Überblick hat gefehlt. So ist es zur totalen Niederlage der Kelten gekommen. Brennus. Kapitolinische Gänse. Vercingetorix. Et cetera. Nur in den äußersten Gegenden haben sie sich gehalten, wo die anderen nicht hinwollten. Irland, Schottland, die Bretagne, aber auch in den hinteren Tälern, die ganz hoch liegen, wo nichts wächst. Dort sind heute noch Kelten. Da wo ich daheim bin – kein Mensch kommt dort jemals hin. Spielt ja auch keine Rolle. Die Hühner –«, Burschi deutete auf das Skelett des halben Huhnes vor sich auf dem Blechteller und sagte bitter, »– die Hühner müssen bei uns daheim Steigeisen tragen, so steil sind die Wiesen. Und die Erdäpfel müssen auf dem Acker mit Ketten angehängt werden. So eine Gegend ist das. Aber für die Kelten ist es gut genug, meinen sie.

Mein Großvater, zum Beispiel, war ein echter Kelte. Im Vertrauen gesagt: leider bin ich selber gar kein ganz echter Kelte mehr, jedenfalls kein so echter wie der Großvater, wenn du es niemandem weitersagst. Mein Vater –«, er seufzte, »– man kann's ja verstehen, haben alle im Dorf gesagt ... wenn man meine Mutter gesehen hat, kann es jeder verstehen ... schon der Name, den ich ja, dem Himmel sei's geklagt, auch habe, logisch ... ein ganz unkeltischer Name, eigentlich ein eher blöder Name. Ich könnte ihn dir natürlich sagen, aber ich sag ihn ungern, sehr ungern. Bei Gelegenheit sage ich ihn dir vielleicht, wenn ich einmal gut aufgelegt bin. Aber mein Großvater war ein ganz echter, ein sozusagen kernechter Kelte. Ich selber habe ihn gar nicht mehr gekannt; er war schon tot, wie ich auf die Welt gekommen bin. Eine Photographie von ihm habe ich gehabt, eine alte Photographie, so eine bräunliche. An einem Tisch ist er gestanden, der Großvater, Zoll für Zoll ein Kelte, die Faust hat er auf ein Buch gepreßt gehabt ... so –«

Burschi stand auf und machte die Pose des Großvaters nach.

»Und *so* einen Vollbart. Solche Vollbärte findest du *nur* bei Kelten. Blondgelockt. Im Sonntagsgewand war er, der Großvater. Hinter ihm war ein schön geraffter Vorhang mit einer Quaste. Das hat alles natürlich nicht ihm gehört, sondern dem Photoatelier. ›Atelier für künstlerische Photographie‹ und eine sauber schwungvolle Unterschrift des künstlerischen Photographen war quer unten am Rand der Photographie, in Goldprägung. Also: der Bart und der Sonntagsanzug haben schon dem Großvater gehört, logisch, aber der Vorhang nicht, und auch der Tisch nicht und das Buch nicht. Es waren sehr arme Leute, damals, die Kelten in meiner Heimat. Wahrscheinlich war das das einzige Mal in seinem Leben, daß er photographiert worden ist. Das war damals anders, nicht so wie heute. Leider ist mir die Photographie verlorengegangen; auf einer meiner Reisen. Ich vermute, daß sie mir in den Suezkanal gefallen ist, ja, in den Suezkanal; ja, ja, der Suezkanal. Zimmermann war der Großvater. Alle in der Familie waren Zimmerleute – die Männer, logisch, die Frauen nicht, die waren gar nichts. Auch die Brüder meiner Mutter waren Zimmerleute, bis auf einen, der war Pfarrer, wie ich dir schon erzählt habe.«

»Nein«, sagte Ballmann, »das haben Sie mir noch nicht erzählt.«

Burschi hatte seinen Blick nach innen in seine keltische Vergangenheit gesenkt, spielte mit einem Hühnerknochen und schwieg eine Weile, fing dann von alleine wieder an.

»Ich bin kein Zimmermann, bin ja auch kein *ganz* echter Kelte, leider. Michael hieß der Großvater, Tschenett, wenn dir der Name was sagt? Nicht? Ein echt, ein sozusagen urkeltischer Name. Tschenett. Michael Tschenett, aber genannt haben sie ihn den Stina-Michel, weil sein Vater Christian geheißen hat, was dort oben abgekürzt wird: Stina. Es wird alles abgekürzt da oben, du hast ja keine Ahnung, wie arm die Leute sind ... *waren*«, verbesserte sich Burschi, »jetzt sind sie draufgekommen, daß man den Skifahrern, die so blöd sind, im Winter dort oben herumzurutschen, das Geld abknöpfen kann. Jetzt haben sie Hotels gebaut und Skilifte, aber damals ... du machst dir keinen Begriff davon, wie arm die Leute waren. Die Kinder, zum Beispiel, haben überhaupt kein Spielzeug gehabt. Das einzige Spielzeug, was meine Mutter gehabt hat, war ein geschälter Stecken, mit dem sind sie, die Mutter und ihre Geschwister, ihrer elfe waren sie, auf die Wiesen hinaus, haben den Stecken in die Erde gerammt und sind so lang im Kreis herumgelaufen, bis sie einen Trichter aufgeworfen hatten. ›Kessel-Furum-Treiben‹ hat das Spiel geheißen. Die Bauern haben ihnen dann natürlich immer eine Maulschelle gegeben, weil sie die Wiesen, auf denen sowieso schon nichts Gescheites gewachsen ist, zusätzlich ruiniert haben. Außerdem haben sie noch jeden Tag vom Vater zur Vorsicht eine Maulschelle gekriegt, zur Vorsicht, das war die Erziehung. Nur zu Weihnachten und am Namenstag haben sie keine gekriegt. Das war das einzige Geschenk. So arm waren die Leute.

Das heißt«, sagte Burschi, »vom Vater haben sie die

Schelle nur gekriegt, wenn der Vater da war, sonst hat sie ihnen die Mutter gegeben. Der Vater war ja das halbe Jahr nicht da. Er hat ja zu einer Partie gehört, die in ganz Tirol gearbeitet hat. Bei den Kelten da oben wäre ja längst nicht genug Arbeit gewesen. In ganz Tirol haben sie gearbeitet, in Vorarlberg, in der Schweiz und sogar bis ins Schwäbische sind sie gekommen und ins Elsaß. Alles zu Fuß. So gut zu Fuß ist nur ein Kelte. Im Frühjahr, wenn der Schnee weg war und man auf den Straßen einigermaßen hat gehen können, sind sie aufgebrochen mit dem Ränzel auf dem Buckel, ja, ja: einem Ränzel, und einem knotigen Stock aus Schwarzdornholz, sind sie hinaus, langsam, Schritt für Schritt in ihren schweren, harten, genagelten Schuhen. Wenn man einen langen Weg vor sich hat, rennt man nicht. Bis nach Spondinig sind die Weiber und Kinder mitgegangen, dann hat der Vater kurz an seinen großen, schwarzen Zimmermannshut getippt, und das war der Abschied. Es sind karge Leute, die Kelten da oben, und sie reden nicht viel.

Im Herbst dann, da hat es geheißen: jetzt müssen sie bald kommen, wenn die Lärchen golden werden und das Moos leuchtet wie Edelsteine und wenn es schon schneit in den Bergen, aber der Himmel noch klar und blau ist – warst du nie da oben? ich schon, ich bin einmal extra hinauf, es rentiert sich –, dann haben sie gewartet Tag um Tag, ob die Männer nicht bald wiederkommen. Meine Mutter, obwohl sie verwachsen war, hat die besten Augen gehabt, scharfe, keltische Augen, wie ein Luchs. Einmal, da ist die Kirchturmuhr stehengeblieben, und niemand hat gewußt, wie spät es ist, weil niemand eine Uhr gehabt hat, nicht einmal der Pfarrer, so arm waren die Leute, da haben sie meine Mutter, die da ein Kind war, grad in die Schule gegangen ist, auf die Friedhofsmauer gesetzt, die wie von einer Festung hinausragt über den Berg, und von wo aus man weit hinaussieht durch das enge Tal bis dorthin, wo es in ein breiteres, reicheres Tal mündet. Dort liegt ein anderes Dorf, und meine Mutter konnte mit ihren scharfen Augen vom dortigen Kirchturm die Uhr ablesen, und danach wurde unsere – ich sage unsere, obwohl ich gar nicht reinrassiger Kelte bin – Turmuhr wieder richtig gestellt.

Auch im Herbst mußte sich meine Mutter auf die Friedhofsmauer setzen und Wache halten, und wenn sie die Männer kommen gesehen hat, hat sie ein freudiges Geschrei erhoben und ist in die Häuser gerannt: sie kommen, sie kommen!, und dann sind die Weiber den Männern entgegengegangen bis zur Brücke. Wie viele? haben die Weiber vorher geschrien. Vierzehn! hat meine Mutter gerufen. Dem Herrn sei Lob und Dank, haben dann die Weiber gesagt und haben sich bekreuzigt, die Kelten sind sehr fromm, es kommen alle zurück. Nicht immer sind alle zurückgekommen. Mancher ist in der Fremde gestorben, und niemand konnte eine so weite Reise tun, um sein Grab zu besuchen. Ja, und dann haben sich die Männer in den niedrigen hölzernen Häusern um das Herdfeuer gesetzt, haben die schweren, genagelten, jetzt ganz staubigen Schuhe mit ihren harten Händen ausgezogen, haben sie auf die mit Sand gefegten Fußbodenbohlen rumpeln lassen, haben ein schwarzplentenes Mus gegessen und dann ein Goldstück aus einer Tasche oder aus dem Strumpf geholt: den Lohn der Arbeit von einem halben Jahr, und davon mußte die Familie dann bis zum nächsten Frühjahr leben.

Der Stina-Michel, der Großvater, hat als besonders geschickter Zimmermann gegolten. Daß er recht viel mehr als seinen Namen schreiben konnte, bezweifle ich, aber man hat ihm nachgesagt, daß er eine Wendeltreppe ohne Vorzeichnung nur nach dem Augenmaß hat bauen können. Außerdem war er von keltischer Zähigkeit. Die Kelten sind klein, aber zäh, wie du an mir siehst. Wie er gestorben ist, hat meine Mutter gesagt, hat er noch alle seine Haare und alle seine Zähne gehabt. Einmal ist er auf einem Kirchturm, wo er das Gebälk ausgebessert hat, ausgerutscht und ist heruntergefallen direkt in den Friedhof. Das Zimmermannsbeil ist ihm nachgefallen und mit der Spitze der Schneide da her –« Burschi zeigte auf die Stelle unter seinem linken Auge in Höhe des Jochbeines. Bescheiden, als wäre ihm dieser Beweis von Zähigkeit selber widerfahren, senkte er die Stimme: »Seitdem hat er mit dem linken Aug nervös gezuckt, wenn das Wetter umgeschlagen hat.

Ja«, sagte er, »so zäh sind die Kelten. Mein Onkel Seraphim Tschenett war auch so einer. Ein jüngerer Bruder meiner Mutter. Auch er war ein Zimmermann, aber er hat – na ja, bedenke, wie arm die Leute waren, Not kennt kein Gebot – sein Einkommen mit Schmuggeln aufgebessert, bietet sich ja an dort oben. Die Grenze zur Schweiz ist nahe, die Kelten kennen jeden Steig und jeden Tritt in den Felsen und den eisigen Firnen, wo sich nie ein Grenzer hintraut. Meistens sind sie zu viert oder zu fünft gegangen: Kaffee, Zigaretten, Schokolade, Sacharin. Nur der Vetter

Seraphim – Vetter ist bei uns, ich sage uns, obwohl, wie gesagt, et cetera, Vetter ist soviel wie Onkel – nur der Vetter Seraphim ist oft allein gegangen. In den Gebirgen haben sie ihn, logisch, nie erwischt, nur einmal unten im Tal, da haben ihm die Finanzer aufgelauert. Vetter Seraphim war der fortschrittlichste Schmuggler: er hat ein Fahrrad gehabt. Das hat er unten am Bach im Wald versteckt, wo der Pfad durch die Schrunden herauskommt. Da haben ihn dann die Finanzer verfolgt. Erwischt haben sie ihn nicht, aber er ist über eine Wurzel gefahren, gestürzt und hat sich die Zungenspitze abgebissen. Er hat geblutet, hat meine Mutter erzählt, wie eine Sau. Sogar die Finanzer sind erschrocken. So hatte Vetter Seraphim Zeit, das Zungenspitzel wieder aufzuheben, in sein Sacktuch zu wickeln und schnell mit dem Rad hinauszufahren nach Mals. Inzwischen haben sich die Finanzer auch von ihrem Schreck erholt und haben die Verfolgung wieder aufgenommen. In Mals ist aber ein Eisenbahnzug gestanden, schon fast gefahren – der Stationsvorstand hat schon abgewunken gehabt –, da hat der Vetter Seraphim sein Rad hingeworfen und ist schnell auf den Zug aufgesprungen und nach Meran gefahren und sofort ins Krankenhaus, wo sie ihm das Zungenspitzel wieder angenäht haben. Ja. Mit dem Reden hat er sich von da an schwer getan, aber reden tun sie ohnedies nicht viel, die Kelten.«
Lernen die ihre Rolle irgendwie? Gibt es überhaupt Rollen? Bekommt der, der mir *Burschi* vorspielen muß, einen Text, den er auswendig lernt? Aber das geht ja gar nicht, denn eins wissen sie nicht, *eins* nicht: welche Stichwörter ich gebe. Ob ich überhaupt Stich-

wörter gebe. Ich könnte dem ganzen Schwindel den
Wind aus den Segeln nehmen, wenn ich überhaupt
keine Stichwörter mehr gäbe. Ob sie dann einsähen,
daß es sinnlos ist? Einsehen vielleicht, zugeben nicht.
Erfindet er, der sich Burschi nennt, das alles, was er
mir erzählt? Wenn er es auswendig gelernt hat, so hat
er es vorzüglich gelernt. Aber wahrscheinlich hat er
es nicht auswendig gelernt. Wahrscheinlich hat er
einen Zettel bekommen, nein, ein Zettel reicht nicht,
ein Heft hat er bekommen, in dem in groben Umris-
sen der Unfug mit den Kelten aufgeschrieben ist, das
mußte er lernen, und im übrigen extemporiert er. Ich
gebe ihm doch ein Stichwort.
»Und wie hängt das mit Ihrem merkwürdigen Namen, den Sie mir immer noch nicht gesagt haben, Ihrem Onkel, der Pfarrer war, zusammen und dem Umstand, daß Sie ein Siebenmonatskind waren?«
Burschi stutzte. Offenbar irritierte ihn, daß Ballmann
ihn mit ›Sie‹ anredete. Diese Anrede seitens eines Mit-
häftlings war so ungewöhnlich, daß ihm der ganze
Satz unverständlich wurde: ein Satz in einer fremden
Sprache, von dem man eine Vokabel, die entschei-
dende, nicht kennt.
»Ach so«, sagte Burschi, »mit neun Jahren mußte
meine Mutter aus der Schule. Allgemeine Schulpflicht
hin oder her, die armen Teufel dort oben konnten sich
damals so einen Luxus nicht leisten: eine Arbeitskraft
in der Schule zu lassen bis vierzehn Jahre. Wundert
es dich, daß bei den Kelten die Bildung nicht viel gilt?
Sie wissen es ja nicht besser. Das wird auch absichtlich
gemacht, damit die Kelten dumm bleiben. Weißt du,
daß alle, daß die anderen, sie, alle diese Hunde, Angst

vor den Kelten haben? Jawohlja. Angst vor den Kelten. Da kannst du die ganze Geschichte durchnehmen – sie besteht aus nichts außer aus Angst vor den Kelten. Bismarck, zum Beispiel, vor wem hat der Angst gehabt? Vor den Kelten. Napoleon? Julius Cäsar? Ludwig XIV.? Angst vor den Kelten. Du kannst praktisch die komplette Weltgeschichte erklären: alle Geheimnisse der Geschichte kannst du lösen, wenn du ein wenig dahinterschaust. Ich habe meine Geschichtsbücher gelesen, das kannst du mir glauben. Leider sind sie mir verlorengegangen. Angst vor den Kelten!«

»*Ich*«, sagte Ballmann, »habe keine Angst vor den Kelten.«

»Und mit neun Jahren, das mußt du dir einmal plastisch vorstellen, mit neun Jahren haben sie sie aus der Schule genommen, obwohl sie sehr gut in der Schule war, besonders im Rechnen, Kelten sind alle gut im Rechnen, und sie mußte in die Arbeit, obwohl sie verwachsen war. Einen Buckel hat sie gehabt. Dort oben hat es damals natürlich keine Möglichkeit für eine Arbeit gegeben, aber in der Schweiz, nebenan sozusagen, da waren damals schon die großen, eleganten Hotels. Dort haben die Mädchen gearbeitet, selbstverständlich nur die schmutzigsten Arbeiten, die die Schweizer selber nicht machen wollten: den Keller putzen, Kohlen tragen, Kartoffeln schälen, bestenfalls Geschirrabwaschen. Wenn sich eine sehr, sehr gut bewährt hat, ist sie nach Jahren zur Hilfsköchin aufgestiegen oder durfte als Stubenmädchen einspringen. Eine ältere Schwester, die schon dreizehn war, hat meine Mutter mitgenommen in die Saison nach Arosa.

Die Schwester war dort schon länger. Im ersten Jahr mußte meine Mutter die großen Kübel mit Abfall auf einem Wägelchen vom Hotel zum nächsten Bach ziehen und dort hineinschütten. Einen halben Franken hat sie nach der Saison heimgebracht. Den hat sie natürlich nicht behalten, sondern der Mutter gegeben, geben müssen. Im nächsten Jahr ist sie schon allein nach St. Moritz. Über den Ofenpaß ist sie gegangen. Einen Kamm und zwei Äpfel hatte sie bei sich in einem Tüchel. Das erste Mal allein, hat ihre Mutter gesagt, hat sogar ein wenig geweint und hat ihr ein Kreuz auf Stirn, Mund und Brust gemacht, und das war auch notwendig, denn im Wald am Ofenpaß hat es damals noch Bären gegeben –«

»Na, na –«, sagte Ballmann.

»Wieso nicht?« sagte Burschi, »dort ist heute der Naturschutzpark, da gibt es immer noch Bären, nur laufen sie nicht mehr frei herum, nicht auf der Straße, aber damals – selbstverständlich hat es damals noch Bären gegeben. Um drei Uhr früh ist meine Mutter von daheim fortgegangen. Von Spondinig aus hat sie das letzte Mal den Kirchturm ihres Dorfes gesehen in der Morgendämmerung. Es war erst so wenig Licht, daß sie nicht erkennen konnte, wie spät es war –«

»Sie hätte ja auf den Kirchturm von Spondinig schauen können«, sagte Ballmann, »der war wohl nahe genug.«

»Willst du mich irgendwie ärgern, oder wie?« sagte Burschi. »Sie wollte logisch auf ihren *eigenen* Kirchturm schauen, in dieser Situation. Das versteht einer, der ein keltisches Herz hat. Du vielleicht nicht. Jedenfalls ist sie noch – darum hat sie auf dem ganzen

Weg gebetet, achtzehn Schmerzhafte und siebzehn
Glorreiche Rosenkränze insgesamt, hat sie mir erzählt
– bei Tageslicht über den Ofenpaß drüber gekommen.
Einmal ist ihr vier Rosenkränze lang keine Menschen-
seele begegnet, hat sie kein Haus gesehen, nichts. Erst
als sie beim letzten Gesatzel vom letzten Rosenkranz
war, hat sie hinter einem Mugel Rauch aufsteigen sehen, und sie hat gewußt: dort wohnt jemand. Sie hat
sich gefühlt wie ein Schiffbrüchiger, der gerettet worden ist. Wie es dann Nacht geworden ist, hat sie sich
in einen Heuschober zum Schlafen gelegt. Bei Son-
nenaufgang hat sie sich gekämmt, hat den zweiten
Apfel gegessen und ist weiter. Zu Mittag war sie im
Hotel ›Excelsior‹ in St. Moritz, wo ihr durch eine
Cousine eine Stelle versprochen worden war. Aber
sie ist einen Tag zu spät gekommen. Die Stelle war
schon besetzt. Also ist sie von Hotel zu Hotel, und
endlich, wie sie schon ganz verzweifelt war, hat sie
dann doch noch eine Stelle gefunden. Ein Kind von
zehn Jahren! Und verwachsen. Das hält nur ein
Kelte aus, respektive Keltin.«
Burschi schwieg. Ballmann hatte den Eindruck: er
schwieg beleidigt, aber nicht wegen Ballmanns ärger-
licher Frage nach der Kirchturmuhr von Spondinig,
sondern allgemein wegen der Widrigkeiten des Lebens, das den Kelten so übel mitspielt.
»Und?« fragte Ballmann mild um Güte bemüht.
»Sie war eine äußerst talentierte Köchin. Der Küchen-
chef in dem Hotel – oder kann sein, es war ein Jahr
später – hat ihre Begabung erkannt, hat sie quasi
ausbilden lassen. Als einzige von der ganzen Familie
weit und breit ist sie bis zur Küchenhilfe in der

Schweiz aufgestiegen. Vierzig Franken hat sie im letzten Jahr mit nach Hause gebracht. Dann ist sie in Stellung gegangen nach Meran, als richtige Köchin, später als Erste Köchin. Im ›Löwen‹. Das Gasthaus gibt es noch heute, ich war dort. Es ist kein erstklassiges Gasthaus, aber das Essen war berühmt. Einmal ist extra wegen des Essens ein deutscher Professor dort abgestiegen. Leider ist er nicht lang geblieben. Der Komfort hat gefehlt, wie es eben so ist. ›Es ist im ›Löwen‹ häßlich eingerichtet‹, hat er ins Gästebuch geschrieben, hat meine Mutter erzählt, ›daß neben der Küche gleich der Abort ist.‹ Aber das Essen im ›Löwen‹ war berühmt, so lang meine Mutter dort gekocht hat. *So* klein war sie –«, Burschi zeigte mit der ausgestreckten Hand das winzige Maß der Mutter, tarierte zunächst der Höhe nach hin und her, blieb dann bei der Größe eines durchschnittlichen Zehnjährigen stehen, »so, beiläufig. Und einen Buckel, wie gesagt. Im ›Löwen‹ haben sie ihr eigens einen Hocker machen lassen, mehr eine Bank, einen länglichen Hocker, eine Hockerbank, daß sie auf den Herd langen konnte. Aber gekocht –!« Burschi führte drei Finger an den gespitzten Mund, küßte sie schmatzend und schleuderte die Finger weg: »schon *so*! Mein Lieber.« Burschi rückte näher an Ballmann, ließ einen Wind fahren, sagte weltmännisch: »Pardon –«, und senkte dann seine Stimme: »Kein Mensch hätte angenommen, daß sich irgendein Mann für meine Mutter interessiert. Logisch. Aber dann ist das Unglück doch passiert. Respektive *ich*. Ich bin passiert –«, er lachte ziegenartig ganz kurz, »*ich*, wenn man so sagen kann. Auch ein Zwerg hat ein Herz, hat meine Mut-

ter gesagt, als die Geschichte herausgekommen ist. Die
Brüder und Schwestern haben sich furchtbar aufgeregt. Gut, daß das unsere lieben, teuren Eltern nicht
mehr erleben mußten, hat die Schwester Rosa gesagt.
Daß es tatsächlich Männer gibt, hat der Bruder Rufus
gesagt, denen es vor gar nichts graust. Aber es war
nichts mehr zu machen. *Zwergfleisch* hieß er. Jetzt
weißt du's. Ja. Kurios, nicht? Herr Zwergfleisch
schwängert eine Zwergin. Einer, der Zwergfleisch
heißt, ist natürlich kein Kelte, das leuchtet ohne weiteres ein. Aber warum mußte sie, also meine Mutter,
ihn heiraten? Sie wollte ihn gar nicht heiraten. Aber
zwei Brüder meiner Mutter, der Vetter Seraphim mit
der abgebissenen Zunge und der Vetter Leonhard,
sind hin zum Herrn Zwergfleisch, und der Vetter
Leonhard hat ihm seine keltische Zimmermanns-
faust unter die Nase gehalten, da hat sich der Herr
Zwergfleisch bereiterklärt, die von ihm geschwän-
gerte Jungfrau Philomena Tschenett zu heiraten. Natürlich ist er sofort nach der Hochzeit spurlos verschwunden. Aber meine Mutter hat unverdienterma-
ßen fürs Leben Zwergfleisch geheißen! Und ich auch!
Statt Tschenett, was keltisch wäre, und meine Brüder
auch –«
»Aber ich habe gedacht –«
»Na ja«, Burschi Zwergfleisch senkte den Kopf, »sie
ist eben noch zweimal gestrauchelt. Aber die beiden
Herren konnte sie nicht heiraten, weil sie ja schon
verheiratet war. Ja, ja. Unser drei waren wir. Andreas heißt der eine Bruder und Martin der andere.
Mein Vorname – das ist auch so eine Sache – wie gesagt, ich war ein Siebenmonatskind und – es ist alles

sehr, sehr verwickelt. Der älteste Bruder meiner Mutter, Oswald Tschenett, ist Geistlicher geworden. Er war seiner Zeit der einzige Pfarrer – aber das sage ich dir unter dem Siegel der Verschwiegenheit – der bauchreden konnte. Ab und zu hat er so sogar die Messe gelesen, mit dem Bauch. Du mußt das verstehen: die Kelten sind da anders. Die Kelten denken sich da nichts Böses dabei in ihrer tiefen, tiefen Frömmigkeit. Ja – der hochwürdige Vetter Oswald – ich habe es ja leider nicht mehr erlebt, aber man erzählt im Dorf heute noch davon, wie er sich umgedreht hat, die Arme ausgebreitet und ohne den Mund aufzumachen mit dem Bauch: Dominus vobiscum – Die ganze Gemeinde hat sich zerkugelt vor Lachen. Die Kelten sind da anders. Die nehmen in so einem Fall an, daß der liebe Gott lachen kann. Das hat der Vetter Oswald später beim Bischof auch gesagt, wie die Geschichte aufgekommen ist. Der Bürgermeister hat ihn auch verteidigt. Er hat gesagt: im Gegenteil, es wäre wunderbar gewesen, wie wenn die Stimme des Priesters direkt vom Himmel käme. Hat nichts geholfen. Er ist strafversetzt worden. Mission. Südamerika –«, Burschi seufzte, »hat es nicht lang überlebt. Alles verträgt ein Kelte, nur so weit weg, *so* weit weg, das verträgt ein Kelte nicht.«

»Und was hat das mit Ihrem Vornamen zu tun?« fragte Ballmann.

Burschi schreckte aus dem Sinnieren auf, in das er durch den Gedanken an das traurige Schicksal seines Onkels gekommen war. »Ja? Ach so. Weil ich ein Siebenmonatskind war. Sie haben gemeint, ich sterb'. Eigentlich hätte ich in Meran auf die Welt kommen

sollen, wo meine Mutter alles schon schön hergerichtet gehabt hat, aber dann ist sie doch noch einmal
hinaufgefahren zur Firmung von einer Nichte, und
– die Höhenluft, die Aufregung, wer weiß – so bin
ich eben da oben geboren. Das ist mir eigentlich wieder recht: auf keltischem Boden. Aber es war halt
alles überstürzt. Es stirbt, es stirbt, hat die Basel Rosa
– Basel heißt bei uns soviel wie Tante – geschrien.
Kreuzteufel, hat der Vetter Leonhard geschrien, bloß
nicht, sonst tät sie ganz umsonst Zwergfleisch heißen.
Aber, wie du siehst, ist alles gut gegangen. Ich lebe.
Aber die Taufe mußte natürlich fix gehen, zur Vorsicht. Logisch. Der Vetter Oswald hat grad seinen
Überseekoffer gepackt – unter Tränen –, er hat noch
einmal sein Cingulum auspacken müssen. Wie soll ich
es denn taufen? hat er geschrien. Alles ist durcheinan-
dergelaufen. Meine Mutter war bewußtlos. Auch sie
überlebt es nicht, hat man gemeint. Sie konnte man
nicht fragen. Der Zwergfleisch war längst über alle
Berge. Also –? hat Vetter Oswald geschrien. Kurt,
hat Vetter Leonhard ganz verächtlich gesagt. So heiße
ich also Kurt. Kein Kelte heißt Kurt. Kurt ist überhaupt fast kein Name. ... *Kurt* ..., das ist nur wenig mehr als überhaupt kein Name. Na ja, kann man
nichts mehr machen, oder? Spitzgoscherter hat mich
die Mutter gerufen, weil ich immer so mager im Gesicht war. Breitgoscherter hat sie zum Andreas gesagt,
weil er so dick war, Schelchgoscherter zum Martin,
weil er ein so schiefes Gesicht hat. Aber unter Freunden nennt man mich seit eh und je Burschi. Das ist
mir das liebste.«
Burschi gähnte, lehnte sich zurück auf die Pritsche,

gähnte wieder, ließ sich auf den Rücken fallen, gähnte nochmals und schlief offensichtlich noch während des dritten Gähnens ein.

Ballmann beobachtete Burschis Zähne. Es waren insgesamt nicht mehr als ein Dutzend. Das, dachte Ballmann, hat er, scheint's, nicht von seinem keltischen Großvater geerbt.

Wie machen sie das mit den Zähnen? Müssen sich die Schauspieler, wenn sie gewisse Rollen übernehmen, die Zähne ausbrechen lassen? Scheußlich. Oder kann man das auch irgendwie künstlich herstellen, quasi schminken? Unwahrscheinlich. Könnte mir nicht vorstellen, wie das gemacht werden soll. Nein – vermutlich gehört das zur Voraussetzung für die Rolle. Rolle ›Burschi‹ recte Kurt Zwergfleisch: klein, dürr, wenig Zähne. So wird es sein.

Burschi wurde, kaum daß er fünf Minuten geschlafen hatte, dadurch geweckt, daß jemand den Schlüssel in die Zellentür steckte und rasselnd herumdrehte.

X

Am Freitag um halb vier Uhr wurde Frau Babette Ballmann unruhig. Um halb fünf wußte sie, daß irgend etwas mit Martin nicht in Ordnung war, denn nie in den ganzen Jahren war Ballmann am Freitag später als um drei Uhr heimgekommen. In ihrem fetten Leib lebte auch eine fette Seele, die sich schwer bewegte. Sich eine echte Katastrophe vorzustellen, sich die Katastrophe nicht abstrakt und allgemein, sondern speziell auf sich bezogen vorzustellen, bedarf einer heftigen Bewegung der Seele. Eine fette Seele ist dazu nicht in der Lage. Babette Ballmann drang in ihren Vorstellungsmöglichkeiten nur bis zu: enorme Verspätungen der S-Bahn, möglicherweise totaler Zusammenbruch des Verkehrsverbundes, vor. Es wäre ja nicht das erste Mal gewesen. Der hiesige Verkehrsverbund ist extrem witterungsanfällig, und es hatte ja am Nachmittag wieder in den Regen hinein geschneit. »Fällt aber eine Flocke Schnee«, hatte einmal Rechtsanwalt Awuscheit gesagt, der auch zu denen gehörte, die gern giftige Reden führen, »so ist es mit unserem öffentlichen Verkehrssystem zu Ende. Man möchte meinen, die haben Schienen aus Marzipan.«

Frau Ballmann hatte nicht ganz verstanden: »Wieso Marzipan?« Ihre hausfrauliche Fachkenntnis schlug durch: »Marzipan wird durch Hitze weich, nicht durch Kälte –?«

»Eben«, lispelte Rechtsanwalt Awuscheit, »im Sommer ist es das gleiche. Als hätten sie Schienen aus Marzipan.«

Um fünf Uhr rief Frau Ballmann im Büro bei ihrem Mann an. Es meldete sich niemand. Dann rief sie in der Geschäftsstelle an. Auch da meldete sich niemand mehr. Erst als sie die Durchwahlnummer des Zimmers wählte, in dem die Räte Welisch und Mittag saßen, wurde der Hörer abgenommen.

»Welisch«, schmetterte es durch die Leitung.

Es folgte ein gegenläufig-zweistimmiges Telephongespräch. Es war eine Gesprächsfläche. Die Klagen der Frau Babette Ballmann verwoben sich mit den schmetternden Auskünften Welischs. Immerhin aber erfuhr Frau Ballmann, daß ihr Mann inzwischen volle zwei Wochen überhaupt nicht mehr im Büro erschienen war. Welisch ergriff die Gelegenheit, einesteils die dienstlichen Verwicklungen, die durch das Ausbleiben Ballmanns entstanden waren – liegengebliebene Protokolle und Urteile, die längst unterschrieben werden sollten, verschobene Termine, stockender Aktenumlauf – als auch die enorme Arbeitsleistung zu schildern, die er, Welisch, aufwenden mußte, um die Bredouille, wie er sagte, einigermaßen abzufangen. Welisch wechselte von schmetternd-klagendem in schmetternd-vorwurfsvollen Ton: »Ja, sagen Sie einmal, Frau Ballmann, haben Sie denn das überhaupt nicht gemerkt?«

Frau Ballmann schwieg. Ihre Seele geriet nun doch ins Rollen, in Richtung auf einen faßbaren Abgrund.

»Aber was soll ich denn tun?« sagte sie.

Ihr jammernder Ton löste in Welisch einen ›Lassen-Sie-mich-nur-machen‹-Mechanismus aus. Welisch wußte, daß Ballmann heute zum Abteilungschef des Ministeriums bestellt worden war – so etwas spricht sich auch in dem großen Haus schnell herum –, und sagte: »Bleiben Sie am Apparat –«

Auch so schmetternde Leute wie Richter Welisch haben ihr Gutes. Binnen einer halben Stunde hatte Welisch über den Abteilungschef Dr. Kaltenegger – der am Freitag auch um halb sechs noch im Büro war; er gab ein, freilich wenig wirksames, gutes Vorbild – und verschiedene Dienststellen der S-Bahn-Verwaltung, der Polizei und des Gerichts Ballmanns Spur gefunden. Ob es reine Nächstenliebe war – reine Hilfsbereitschaft?

Wenn ja, so entschädigte Welisch das Telephongespräch, das er mit Anni, seiner Frau, in dem Zusammenhang führen durfte. In einem dichten Geflecht von Informationen schilderte Welisch, der nun zur Vollform anschwoll, die haarsträubende Situation, deren Fäden er jetzt keinesfalls aus der Hand lassen dürfe, weshalb mit dem Abendessen gewartet werden solle. Anni Welisch war wieder einmal gerührt von der Bedeutung ihres Mannes im Getriebe der Justiz.

Die Nachforschungen stockten dann allerdings. Die unerwartete Hürde des unabsichtlich falschen Namens, unter dem Ballmann vom Schnellgericht verurteilt worden war, verzögerte die Sache, außerdem die Trägheit des weitgehend jourdienstlichen und daher unwilligen Behördenapparates am Wochenende. Welisch – der, das muß man ihm immerhin zugute halten – einmal am Freitagabend und zweimal am Samstag extra zu Frau Ballmann hinausfuhr, mußte zahllose Referenten, Staatsanwälte und Richter über ihre Privattelephone anrufen, mußte Behördenchef und Polizeibefehlshaber in ihrer Wochenendruhe aufschrecken, bis er seinen Verdacht, der ihm am Sonntagvormittag kam – daß nämlich der verurteilte Richter, Martin – ohne Beruf mit Ballmann, Martin, Richter, identisch sein könnte – bestätigt sah, und zwar dadurch, daß er die Zelle, in der Ballmann und Burschi in der Justizvollzugsanstalt saßen, aufschließen ließ und den unrasierten, zwar nun nicht mehr schneeregendurchweichten, aber abgerissenen, dennoch kenntlichen Vorsitzenden Richter Dr. Ballmann auf der Pritsche sitzen sah.

Hinter Welisch stand Frau Ballmann.

»Aber Herr Direktor –!« sagte Welisch.

»Papachen!« sagte Frau Ballmann.

Ballmann sagte gar nichts, stand auf und folgte dem Gefängnisbeamten, Welisch und Frau Ballmann zum Ausgang. Der Gefängnisbeamte schüttelte den Kopf und verstand das alles nicht.

Burschi hatte noch gefragt: »Was? Bist du ein Direktor?« Ballmann hatte einen Moment lang überlegt, ob er mit Burschi rasch noch ein Rendezvous vereinbaren sollte, sagte sich aber dann: wenn *sie* wollen, daß mich der Schauspieler Burschi in dieser Maske findet, dann werden *sie* es schon arrangieren.

XI

Am Montag, das war der 2. April, erfüllte Landgerichtsrat Welisch die Gänge und Zimmer des Justizpalastes mit schmetternden Schilderungen des Falles Ballmann. Welischs Schilderungen – die stets damit begannen, daß er sagte: »– wir müssen vor allem dafür sorgen, daß von dieser Sache nichts nach außen dringt –«, waren gemischt im Ton: Unverständnis, gelähmtem Entsetzen, Mitgefühl für die arme Familie, Besorgnis um dienstliche Belange und die Unterstreichung des Umstandes, daß nur die ›zupackende, geistesgegenwärtige Art‹ eines Mannes wie Welisch noch Schlimmeres verhindert habe, schwangen in Welischs Reden gegen- und durcheinander wie Wellen in einem Teich, in den man mehrere Steine geworfen hat.

Welisch unterrichtete, teils in den entsprechenden Dienstzimmern, teils auf dem Flur, in einem Fall auf der Toilette, nacheinander: die Damen und Herren der für die 46. Kammer zuständigen Geschäftsstelle, die anderen Kammermitglieder Mittag und Stubenmeier – das heißt: Stubenmeier mußte er daheim anrufen, der hatte vorgezogen, nicht ins Gericht zu kommen –, einige Rechtsanwälte, einige Vorsitzende anderer Kammern, die Vorzimmerdamen des Präsidenten, den Vizepräsidenten, den Präsidenten und endlich, die Krone seiner sprudelnden Eloquenz an diesem Vormittag, Dr. Kaltenegger im Ministerium.

Der Abteilungschef dankte Welisch bewegt, dennoch

durfte Welisch bei der nachfolgenden Besprechung, zu der der Referent den Landgerichtspräsidenten zu sich heraufbat, nicht dabei sein.

»Eigentlich, Herr Kollege«, sagte Dr. Kaltenegger zum Präsidenten, »müßte ich dringend diesen Bericht betreffend eine Landtagsanfrage schreiben, dessen Entwurf Sie hier liegen sehen, aber es kommt einem ja immer was dazwischen. Da darf ich natürlich wieder meinen Abend für diesen Bericht opfern, das sehe ich schon.«

Der Präsident machte – auch das lernt man nicht an der Universität, nicht in der Referendarzeit, sondern erst im Lauf eines dornenvollen Aufstiegs zu verantwortlichen Positionen – ein Gesicht, aber das gleichzeitig ausdrückte: wie bewundernswert, das kennt unsereiner auch, das dankt uns wieder keiner und ganz so wild wird es auch wieder nicht sein.

»Aber«, fuhr Dr. Kaltenegger fort, »irgend etwas muß ja wohl geschehen mit diesem Ballmann.«

Der Präsident seufzte.

»Ist das alles, was Sie dazu zu sagen haben?«

»Wahrscheinlich«, sagte der Präsident, »ein sehr komplexer Fall.«

»Kennen Sie diesen Ballmann irgendwie näher? Er ist ja in Ihrem Alter ungefähr –?«

»Nein«, sagte der Präsident, »nur wie man eben seine Kammervorsitzenden kennt. Es ist mir nie irgend etwas aufgefallen.«

»Wahrscheinlich hat sich nur niemand jemals die Mühe gemacht, den Mann genauer anzuschauen. Wenn man nicht alles selber macht –! Aber alles kann man doch nicht selber machen ... auch *ich* nicht.

Mehr als sechzehn Stunden am Tag arbeiten kann ich nicht. Verstehen Sie? – *Kann* ich nicht. Und mehr als *sieben* Arbeitstage hat auch meine Woche nicht.« Dr. Kaltenegger blätterte in der Personalakte ›Ballmann‹ und klappte sie dann angewidert zu. »Lauter läppische Beurteilungen –«

»Die Beurteilungen des Kollegen Ballmann«, beeilte sich der Präsident zu sagen, »sind vorzüglich. Die beiden letzten Beurteilungen lauten: ›Übersteigt den Durchschnitt erheblich‹.«

»Aber er ist doch –«, Dr. Kaltenegger rang nach einem angemessenen und doch scharfen Ausdruck, »– ist doch –« Er fand den Ausdruck nicht und klappte die Personalakte wieder auf. »Ich hoffe, Sie haben genug Phantasie, um sich auszumalen, was da passiert –«

»Ja, schon«, sagte der Präsident, »wie meinen Sie?«

»Daß wir *so* einen zum Landgerichtsdirektor gemacht haben. Das ist doch ein Skandal.«

»Aber wer hat das wissen können?«

»Das ist völlig unmöglich, daß man da nicht irgend etwas hätte merken können im Lauf der Jahre. Wie lang ist er jetzt Vorsitzender Richter?« Der Abteilungschef schaute in der Akte nach. »Vier Jahre. Vorher acht Jahre Erster Staatsanwalt. Ich bitte Sie! Machen Sie mir doch nicht weis, daß da niemand etwas gemerkt haben soll.«

»Es war nichts Auffälliges –«

»Es hat nur niemand genau genug hingeschaut. Die wursteln alle vor sich hin, und kein Mensch kümmert sich im Grunde. Am Freitag war der Mann bei mir: ich habe doch auf den ersten Blick gesehen, daß er –«,

jetzt hatte er den Ausdruck gefunden, »überge-
schnappt ist.«

»Jetzt am Freitag?«

»Ja, natürlich.«

»Jetzt am Freitag hätte ich das auch gemerkt.«

»Aber es kann doch nicht einer mir nichts dir nichts
überschnappen? Von einem Tag auf den anderen?«

»Man hört schon von solchen Fällen«, sagte der Präsident leise.

Dr. Kaltenegger nahm das oberste Blatt in die Hand,
das in der Personalakte lag. Es war *Entwurf* über-
schrieben und enthielt – der Präsident drehte dezent
den Kopf seitlich, um es mitlesen zu können – in winziger, gestochener Tintenschrift offenbar Aufzeichnungen, die Dr. Kaltenegger persönlich von der
Sache gemacht hatte. »Seit 19. März ist Ballmann
nicht mehr in den Dienst gekommen –«, Dr. Kaltenegger stutzte. Sein Blick fiel auf die Personalien Ballmanns auf dem Deckel der Akte. »Ach«, sagte er
dann. »Das war der Tag nach seinem fünfzigsten Geburtstag.«

»Ja«, sagte der Präsident, »ich weiß. Ich habe ihm
am Freitag davor gratuliert. Im voraus. Weil ja sein
Geburtstag auf einen Sonntag gefallen ist. Habe ich
ihm im voraus gratuliert. Obwohl man das nicht tun
soll, heißt es.« Die Stimme des Präsidenten wurde
sehr leise. »Es bringt Unglück, heißt es.«

»Wollen Sie vielleicht damit sagen, daß dieser Skandal damit zusammenhängt?«

»Nein, nein«, sagte der Präsident.

»Am Freitag davor haben Sie ihn noch gesprochen?«
Der Präsident nickte.

»Und es ist Ihnen *gar nichts* aufgefallen an ihm?«
Der Präsident schüttelte den Kopf.

Der Abteilungschef brummte, klappte die Personalakte wieder zu und lehnte sich zurück. Seine bisher eher vorwurfsvolle Stimme senkte sich zum Ton konzilianterer Kollegialität. »Halten Sie es für möglich«, sagte der Abteilungschef, »daß dieser Mensch nur simuliert?«

»Wie meinen Sie?«

»Denken Sie an den Fall Himmelreich.«

Der Fall des Oberlandesgerichtsrates Himmelreich war eine äußerst ungute Erinnerung. Obwohl der Landgerichtspräsident persönlich und dienstlich nichts damit zu tun gehabt hatte, zog er bei der Erwähnung des Namens ein wenig den Kopf in die Schultern. Himmelreich war schon am Beginn seiner Laufbahn – das war viele Jahre her – dadurch unangenehm aufgefallen, daß er die körperlichen Gebrechen namentlich der höherrangigen Kollegen mit minutiöser Genauigkeit bei Betriebsausflügen oder anderen geselligen Gelegenheiten nachahmen konnte. Er ahmte nach, wie Oberstaatsanwälte hinkten, wie Präsidenten mit den Köpfen wackelten, wie Oberst-Räte schielten und wie Ministerialräte sich unter der Achsel kratzten. »Ist Ihnen nie aufgefallen«, pflegte er in das wiehernde Gelächter nach seinen Darbietungen einzuwerfen, »daß es in der Justiz auffallend viele Kretins gibt? Gehen Sie doch einmal mit offenen Augen durch die Gänge und zählen Sie mit, was Sie an Buckeln und Wasserköpfen sehen. Von den Glatzen, Fettwülsten und Triefaugen will ich gar nicht reden. Aber die verwachsenen Nasen, die zu kurzen Beine, die Hinkenden und Schleppenden, die Stotterer und Trenser sind Legion bei uns. Ist Ihnen das nie aufgefallen?« Man wandte ein: das sind doch körperliche Gebrechen. Da können die armen Leute doch nichts dafür. »Schon wahr«, sagte Himmelreich, »aber dennoch ist das ein Zeichen dafür, was sich *unter* der Oberfläche tut. Dem körperlichen entspricht ein geistiger Kretinismus, der bei der Justiz besonders weit verbreitet ist.« An der Stelle ahmte er stets die Verhandlungsführung eines für seine eigensinnige Rechtsprechung auf einem Spezialsektor berüchtigten Landgerichtsdirektors nach. »Es wird noch einmal böse mit dem Himmelreich enden –«, flüsterte man.

Einen besonderen Treffer landete Himmelreich, als das Ministerium einmal neue Möbel bekam. Die alten Möbel standen damals zusammengerückt im Lichthof des Justizpalastes und wurden nach und nach abtransportiert. Zum Schluß stand nur noch eine große Anzahl von Stühlen dort. Himmelreich ging zufällig mit einem jüngeren Oberregierungsrat von der Kantine kommend dort vorbei, blieb stehen, tat so, als ob er verträumt über diesen ausgedienten Haufen blicke und sagte zum Oberregierungsrat: »Wenn man so denkt …, ich stelle mir die Legionen von Beamtenärschen vor, die diese Stühle in unzähligen Dienststunden durchgesessen haben. Können Sie sich die Beamtenärsche nicht vorstellen? Ich schon. Legionen sozusagen von der Person losgelöste Beamtenärsche sehe ich da, und zwar nackte.«

Einen Augenblick, gestand später der Oberregierungsrat, habe ihn tatsächlich unter dieser suggestiven Rede Himmelreichs die Vision einer Legion nackter Beam-

tenärsche überkommen, aber er habe natürlich diese
Vorstellung sofort abgeschüttelt, halte sich aber doch
für verpflichtet, den Vorfall zu melden.

Mit derlei Witzen brachte sich Himmelreich zwar in
Verruf, aber noch nicht einmal in echten Mißkredit.
Dazu wandte er andere Methoden an. Vorauszuschik-
ken ist, daß man rein dienstlich gesehen Himmelreich
– er war damals Amtsgerichtsrat – nichts anhaben
konnte, weil er tüchtig und ein hervorragender Jurist
war und sein Referat in vorbildlicher Ordnung hielt.
Selbst der erzürnteste Vorgesetzte mußte später einräumen, daß Himmelreich fachlich hochqualifiziert
war.

Was tat Himmelreich? *Er* sagte, er habe immer nur
auf seinem Recht bestanden. Die anderen oder manche andere sagten, er sei ein Querulant. Himmelreich
prozessierte am Verwaltungsgericht gegen eine seiner
Meinung nach ungerechte Formulierung in seiner Beurteilung. Trotz Bemühungen des Justizministeriums
drüben beim Verwaltungsgericht gelang es nicht, den
Prozeß in befriedigender Weise zu verschleppen, so
daß Himmelreich gewann. Man überlegte im Ministerium, ob man Berufung gegen das Urteil einlegen
oder Himmelreich befördern sollte. Man entschied
sich fürs Befördern als den Weg des geringsten Widerstandes. Himmelreich wurde Erster Staatsanwalt.
Das Leben seiner vorgesetzten Oberstaatsanwälte
wurde zur Hölle. Himmelreich verschliß im Lauf von
nur vier Jahren drei Stück davon: Oberstaatsanwalt
Dr. Vöglein ging vorzeitig in Pension; Oberstaatsanwalt von Pepusch bekam Wadenkrämpfe von so
großem Ausmaß, daß er die Stiegen der Staatsan-

waltschaft in einer Art Sänfte hinauf- und hinunter-
getragen werden mußte, und ging auch in Pension;
Oberstaatsanwalt Nickel starb an Herzversagen,
eigenartigerweise während des Urlaubs. Offenbar
waren ihm Himmelreichs Bosheiten bis in die wohl-
verdiente Erholung nachgegangen. Himmelreich erreichte das alles durch Genauigkeit. Er fand überall
Fehler. Er stellte fest, daß das Amtsgericht jahrelang,
wahrscheinlich jahrzehntelang fehlerhafte Zustel-
lungsformulare verwendet hatte. Wenn man das
streng formal durchdachte – Himmelreich tat es –,
waren die Folgen unabsehbar. Womöglich waren
Tausende von Urteilen nichtig. Aber das war noch
das geringste. Himmelreich fand eine Verordnung
heraus, wonach ihm ein Dienstzimmer zustand, das
einen Quadratmeter größer war als das, das er hatte.
Himmelreich drohte mit einem Schriftsatz, man erinnerte sich an den Prozeß vor dem Verwaltungsgericht und beeilte sich, Himmelreich ein größeres Zimmer einzuräumen. Zu dem Zweck mußten zwei Inspektoren disloziiert werden, die darüber Zeter und
Mordio schrien. Himmelreich bohrte in jede Schad-
und Schwachstelle der altersschwachen und rostigen
Justizmaschinerie, es knirschte und jaulte, und wenn
er mit einem Blatt Papier in der Hand das Zimmer
seines Chefs betrat, schnappte der schon nach Luft.
Man beförderte Himmelreich noch einmal in der
Hoffnung, ihn zu beruhigen. Aber weit gefehlt: nun
ging der Tanz erst richtig los. Himmelreich weigerte
sich, das ihm zugeteilte Referat zu übernehmen. Er
bearbeitete eigenmächtig die Akten eines anderen Re-
ferates. Der Kollege, dem das von Himmelreich re-

klamierte Referat gehörte, bekam chronische Schluck-
beschwerden und mußte in Kur gehen. Dann bemän-
gelte Himmelreich das Mobiliar seines Zimmers und
überhaupt die Ausstattung. Endlich schoß er den Vogel ab, als er in einer Einzelrichtersitzung einen
Rechtsanwalt vom Sitzungswachtmeister abführen
ließ. Der Anwalt – ein gewisser Dr. Volkmann – war
ein allgemein geachteter, eher ruhiger Mann. Erst viel
später stellte sich heraus, daß Dr. Volkmann zu seiner Rolle in der Selbstinszenierung des Oberlandesgerichtsrates Himmelreich kam wie der Pontius ins
Credo. Dr. Volkmann wartete auf die nächste Sache,
in der er einer der Parteivertreter war.
Während die seiner Sache vorangehende verhandelt
wurde, saß Dr. Volkmann hinten auf der Zeugen-
bank und las – was üblich ist – in einer Zeitung.
Wie ein stählerner Pfeil schoß da plötzlich der Satz
Himmelreichs: »Ich verbitte mir das!« nach hinten.
Dr. Volkmann hatte ein so gutes Gewissen, daß er
den Wortpfeil gar nicht auf sich bezog. Erst als Himmelreich einen zweiten Stahlpfeil hinterherschickte:
»Ha, ja. Ich meine Sie, Herr Rechtsanwalt Volkmann!« schaute Volkmann verdutzt auf.
»Wie – was –«, stotterte Volkmann.
Himmelreich bellte los: »Was: wie … was …? Sie
scheinen doch keine Ahnung vom Benehmen im Ge-
richtssaal zu haben.«
Volkmann faßte die Sache immer noch nicht, faltete
die Zeitung zusammen und setzte an zu sagen: »Ich
weiß nicht, was Sie meinen, Herr Rat«, oder dergleichen, kam aber nur bis: »Ich weiß –«, da unterbrach
ihn Himmelreich:

»So, wenigstens falten Sie jetzt die Zeitung zusammen, Herr Volkmann.«

Der Anwalt hatte sich nun soweit gefaßt, daß er in der Lage war, sich zu verteidigen, was er als guter Anwalt im Gegenangriff versuchte: »Dr. Volkmann, wenn ich bitten darf.«

Da sei, erzählten später die Zeugen der Szene, der Rat Himmelreich aufgesprungen wie ein Schachterlteufel, habe getobt, die Augen gerollt, mit den Fäusten auf den Tisch gehauen, und als Dr. Volkmann nach vorn gehen wollte, um noch einmal zu sagen, daß er das ganze nicht verstehe, schrie Himmelreich den Sitzungswachtmeister an: »Abführen.«

Dr. Volkmann ließ sich, vom Sitzungswachtmeister, der nicht weniger verdattert war als alle anderen, leicht am Ärmel genommen, nach draußen führen.

Der Auftritt hatte natürlich Folgen. Obwohl es Dr. Volkmann am liebsten gewesen wäre, von der Sache kein Aufhebens zu machen und sie nach einem kurzen klärenden Gespräch mit Himmelreich zu begraben, hatten doch zu viele Kollegen Dr. Volkmanns die Szene miterlebt, als daß sie nicht Kreise gezogen hätte. Vor allem weigerte sich Himmelreich, auch nur ein Wort mit Volkmann zu reden. So kam es zu einer Dienstaufsichtsbeschwerde der Rechtsanwaltskammer gegen Himmelreich. Himmelreich feuerte mit leidenschaftlichen Schriftsätzen um sich, machte Eingaben, legte Beschwerden ein, hämmerte Begründung um Begründung an das Ministerium hin, warum es ein Unfug sei, wenn wartende Anwälte im Sitzungssaal Zeitung läsen. Es blieb nichts als die Zwangspensionierung.

Auch gegen die Pensionierung prozessierte Himmelreich. Das Verwaltungsgericht – das der Ordentlichen
Justiz immer gern eins auswischt – neigte zu Himmelreich günstigen Ansichten, jedenfalls taten die
Verwaltungsrichter so. Das Justizministerium bekam
es mit der Angst zu tun – (»Wieder einmal«, sagte
Himmelreich, »die scheißen in jede Hose, die man
ihnen hinhält.«) – und schlossen einen Vergleich:
Himmelreich wurde wegen psychischer Erkrankung
pensioniert, die Pension nicht gekürzt.
Bald darauf sah man Himmelreich fröhlich pfeifend
in der Stadt umhergehen. Es gehe ihm gut, sagte er,
er arbeite, um sich ein Zubrot zu verdienen, einige
Stunden in der Woche – nicht zu viele – bei einem
Anwalt und feile die Revisionsschriftsätze aus. Im
übrigen lasse er den lieben Gott, der liebe Gott aber
auch ihn einen guten Mann sein. Bei Rechtsanwalt
Dr. Volkmann bat Himmelreich nach etwa zwei Jah-
ren in liebenswürdigster Weise um Entschuldigung.
»So wie der Himmelreich«, sagte der Abteilungschef.
»Sein kann alles«, sagte der Präsident. »Wer schaut
schon in einen Menschen hinein.«
»So wie vom Himmelreich –«, drohte Dr. Kalten-
egger, »lassen wir uns aber nicht mehr hinters Licht
führen!«
»Vielleicht ist es aber doch echt!« sagte der Präsident.
»Immerhin merkwürdig, daß es am Tag nach seinem
fünfzigsten Geburtstag war. Vielleicht ist es eine
Midlife-Crisis.«
»Eine was?« fragte der Abteilungschef.
»Midlife-Crisis«, sagte der Präsident, »von der man
jetzt so viel hört.«

»Ach so – ja. Unsinn. Sie meinen die Sachen, wo Männer sagen, daß sie nur schnell Zigaretten holen am Automaten und nie mehr wiederkommen? Unsinn. Sie müssen doch selber zugeben, daß der Fall hier ganz anders liegt. Der Himmelreich, was sag' ich – der Ballmann, meine ich, muß untersucht werden. Ganz gründlich und ganz genau. Ich meine: ärztlich untersucht, medizinisch, psychiatrisch –«

»Und was soll inzwischen mit seinem Referat geschehen?«

»Die Kammer soll sehen, wie sie recht und schlecht durchkommt. Solang Ballmann – theoretisch – da ist, können wir die Planstelle nicht mit einem anderen besetzen.«

Der Abteilungschef stand auf. Dem Landgerichtspräsidenten schien es, als sei der senfgelbe Anzug Dr. Kalteneggers im Lauf des Gesprächs noch eine Schattierung gelber geworden. Das Senfgelb schillerte ins Kanariengelb hinüber. Mit einem ungnädigen Händedruck entließ der Abteilungschef den Präsidenten und sagte nochmals wie ein Amen: »Psychiatrisch.«

XII

In den darauffolgenden drei Wochen kam besseres
Wetter. Ein paar Krokusse – gelbe, weiße und vio-
lette – kamen in dem etwas mehr als handtuchgro-
ßen Stück Rasen, das Frau Ballmann Vorgarten
nannte, zum Vorschein. Die Forsythien blühten. Der
Rasen im Garten hinter dem Haus – der etwa hundert Quadratmeter umfaßte – zeigte einen Anflug
von neuem Grün, was Thomas Ballmann zu dem
Stoßseufzer hinriß: »Jetzt geht die Rasenmäherei
wieder los. Ich würde mich nicht wundern, wenn der
Alte auch heuer keinen elektrischen kaufen würde, geschweige denn einen mit Motor.« Ballmann – und
auch Babette pflichtete ihm in diesem Punkt bei – war
die ganzen Jahre der Meinung gewesen, daß für den
nicht nennenswerten Rasen ein Handmäher genüge.
Als Thomas fünfzehn Jahre alt geworden war – das
war nun drei Jahre her –, hatte Ballmann entschieden, daß von nun an Thomas, jetzt groß genug, den
Rasen mähen könne. Es gab ein fürchterliches Hin-
und Herschieben der Fäuste auf dem Tisch, aber vor
drei Jahren hatte die väterliche Autorität gerade noch
gesiegt, unterstützt allerdings von einem zugkräfti-
gen Argument: pro Rasenmahd bekäme Thomas
fünf Mark. Voriges Jahr war Thomas unter Hinweis
auf die allgemeine Teuerung um Aufbesserung des
Satzes auf acht Mark eingekommen, was Ballmann
bewilligte. Dennoch mähte Thomas nur mit Unlust,

schlampig und immer so spät, daß man den Handmäher kaum noch durch das hohe Gras schieben konnte. Mit Neid schaute Thomas auf die beiden Nachbarn. Der eine Nachbar, ein älterer Sparkassen-Filialleiter, hatte einen eleganten, umweltfreundlichen Elektromäher, der aber den Nachteil hatte, daß er durch ein langes Kabel mit einer Steckdose im Haus verbunden werden mußte. Bei jeder zweiten, dritten Mahd mähte der Filialleiter versehentlich das in Gras liegende Kabel durch, was je nach Lage der Dinge einen Kurzschluß im Gerät oder einen Kurzschluß im Haus verursachte. Einmal bekam der Filialleiter einen elektrischen Schlag, daß er wie ein Sack umfiel und reglos zwischen einer schmalbrüstigen Rosenrabatte und einem rustikalen Schein-Brunnen, in dem die Gartengrillanlage installiert war, liegenblieb. Ballmann holte den Notarzt.

Der andere Nachbar, ein Mann namens Jahwol von ungeklärter Berufstätigkeit, war ein Rasenfetischist. Jahwol hatte einen Motorrasenmäher, der schon eher ein kleiner Traktor war. Jahwol konnte auf dem Mäher fahrend mähen, allerdings war das Wenden schwierig, weil der Mäher nicht sehr viel kleiner als der Garten war. Jahwol mähte nahezu täglich seinen Rasen, was immer die ganze Siedlung mit Lärm und Auspuffgasen erfüllte, aber er mähte immer nur ganz kurze Zeit, weil ja wenig zu mähen war. Daneben verfügte Jahwol über einen elektronisch regulierten Rasenkantenschneider, über diverse Zusatzgeräte zu seinem Traktor wie: Unkrautvernichtungsmittel-Verteilungs-Rüttler, Vertikulier- und Rasenlüftergeräte, die alle auch Lärm machten und stanken, und über ein Sortiment von chemischen Düngern, die nur stanken.

Trotz des Lärms und des Gestanks war Herr Jahwol ein gutgelittener Nachbar, denn er verwendete im Winter seinen Rasenmäher – mit einem Spezialzusatz – als Schneepflug und räumte ohne Gegenleistung das Trottoir der ganzen Häuserreihe, die Garagenzufahrten und den Zugang zu den Mülltonnen. Da die Hintergärten der Häuser keinen Ausgang hatten, sondern mit einer Heckengrenze an die nächsten Gärten stießen und die Häuser in Art der Reihenhäuser ohne Zwischenraum aneinanderstießen, mußte deshalb Herr Jahwol im Herbst und im Frühjahr mit seinem Traktor je einmal durch seine Wohnung fahren, was mit einem großen Aufwand an Brettern und Planen bewerkstelligt wurde. Was in alten, naturverbundenen Zeiten die Winter- und Sommersonnenwende gewesen war, war nun in etwa in Ballmanns Siedlung der Tag, an dem Herr Jahwol seinen Kleintraktor durch sein Wohnzimmer in diese oder jene Richtung fuhr. Der Tag signalisierte den Beginn der neuen Jahreszeit.

In diesem Jahr hatte Herr Jahwol am Gründonnerstag über den Gartenzaun hinweg zu Frau Babette Ballmann, auf die Forsythien zeigend, gesagt: »Die kriegen zwar schon noch einen Schnee. Aber nicht mehr soviel, daß man räumen muß.« Am Karfreitag stand dann Jahwols Traktor wieder im Garten auf der Terrasse.

Nach außen – etwa im Gespräch mit Herrn Jahwol – gab sich Babette Ballmann gelassen und so, als wäre nichts. Immerhin, so dankte sie heimlich dem

Himmel, war das, was sie die ›Krankheit‹ ihres Mannes nannte, ihrer Natur nach unauffällig. Wer es nicht gerade darauf angelegt hätte – und das hatte niemand –, Ballmanns Tageslauf zu beobachten, das heißt: zu registrieren, wann der Landgerichtsdirektor fortging und wann er zurückkam, hätte von der Veränderung im Haus nichts bemerkt. Wenn einer sich allerdings diese Mühe gemacht hätte, hätte er registrieren müssen, daß Ballmann das Haus überhaupt nicht mehr verließ. Er verließ nicht nur das Haus nicht mehr, er verließ das ›Studio‹, die ausgebaute Mansarde nicht mehr. Er schlief dort oben auf einem Sofa, das zur allerersten Wohnungseinrichtung gehört hatte, die sich Ballmanns angeschafft hatten, als sie in die winzige Wohnung hinter dem Kernmeierplatz in der Nähe der Ivokirche eingezogen waren. Das Sofa, ein sogenanntes praktisches Möbel, war verwandelbar. Man konnte es – mit viel Mühe allerdings zu einem Doppelbett ausziehen. Es war das erste eheliche Bett Ballmanns gewesen. Thomas und Alexandra waren darin gezeugt worden. Entweder aus Sentimentalität oder weil das Zweck-Sofa – das einen altrosa Tagesüberwurf mit Fransen bis zum Boden hatte – das weitaus teuerste Möbelstück der damaligen Anschaffung und deshalb immer noch sehr gut instand war, hatte es Ballmanns 1964 (als Alexandra, das zweite Kind, zur Welt kam und die Wohnung an der Ivokirche zu klein wurde) in die zweite Ehewohnung in den Neubau in der äußeren Derendingerstraße und dann sogar – als einzigen Überrest der ersten Ausstattung – 1970 in das Reihenhaus mitgenommen. So stand es hier im ›Studio‹. Ballmann machte sich nicht die Mühe, zum Schlafen das Sofa zur Doppelbettlänge auszuziehen, nahm nicht einmal den Tagesüberwurf ab.

Ballmann wusch sich nicht, rasierte sich nicht und wechselte nicht die Kleider. Frau Ballmann brachte das Essen hinauf. Ballmann aß wortlos, was sie ihm brachte, verlangte nie nach oder etwas anderes, ließ allerdings auch selten etwas stehen. Frau Ballmann hatte den Eindruck: wenn sie ihrem Mann nichts gebracht hätte, hätte er gar nichts gegessen. Ab und zu dankte Ballmann, nur mit dem Wort: »Danke.« Babette blühte im Augenblick auf wie ein junges Mädchen, fragte schnell, ob er noch etwas wolle, ob sie dies oder jenes kochen solle ..., da drehte er sich zur Wand. Das wiederholte sich ein paarmal, bis Babette begriff. Wenn Ballmann nun »Danke« sagte, schaute ihn Babette nur an und ging langsam hinaus. Sie wußte, daß ihr Mann ihr nachschaute. In solchen Augenblicken meinte sie, daß vielleicht doch noch alles gut werden würde.

Einmal – das war am Ostersonntag – blieb Babette, nachdem sie das Tablett mit dem Essen hingestellt und Ballmann freundlicher als sonst »Danke« gesagt hatte, einen Augenblick stehen und fragte leise: »Habe ich dir etwas getan?« Sie bereute die Frage im gleichen Augenblick, aber Ballmann blieb ruhig. Er sagte – immer noch nicht unfreundlich: »Ich bin neugierig, wann euch die Komödie zu dumm wird.« Frau Ballmann verstand nicht, was ihr Mann damit meinte.

Zur Erledigung biologisch unumgänglicher Verrichtungen ging Ballmann – die einzige Ausnahme vom freiwilligen Exil – in den ersten Stock hinunter, aber nur, wenn niemand außer ihm im Haus war oder in der Nacht, wenn alle schliefen.

Den Kindern blieb selbstverständlich die ›Krankheit‹ des Vaters nicht verborgen. Christian, der Kleinste, ging ab und zu hinauf und beobachtete den Vater. Oft haben Väter zum jüngsten ihrer Kinder die tiefste und innigste Beziehung. Bei Ballmann war es nicht so. Christian war ihm fremd wie Thomas. Wenn Ballmann eine innige Beziehung gehabt hatte, dann zu seiner Tochter, aber diese Beziehung kühlte ab, als ihm Alexandra – körperlich – über den Kopf gewachsen war. Trotz ihrer fetten Seele hatte Babette Ballmann das damals bemerkt und zu ihrem Mann gesagt: »Es kommt mir vor, als wärst du beleidigt mit ihr, daß sie so wächst. Da kann sie doch nichts dafür.« Frau Ballmann hatte genau den Punkt getroffen, aber Ballmann leugnete selbstverständlich.

Alexandra, die im Augenblick in einen Mitschüler der Parallelklasse verliebt war und ihr Hauptaugenmerk auf die Wochenendparties richtete, auf denen Gelegenheit gegeben war, den Freund zu treffen, schimpfte ab und zu, daß sie keine solche Party geben durfte, weil der Vater ja nicht mehr vorgezeigt werden konnte. Thomas äußerte: daß ihm ›der Alte‹ nun endlich ein wegweisendes Vorbild geworden sei. Eines Tages werde er auch das tun, was der Vater jetzt tue: nämlich nichts. So ging einzig der Christian ab und zu die zwei Stiegen hinauf in das ›Studio‹, redete aber kaum mit dem Vater, beobachtete ihn nur wie ein absonderliches Insekt. Im übrigen interessierte die Kinder der Zustand Ballmanns so wenig, daß

184

Frau Ballmann ihnen nicht einmal zu verbieten brauchte, in der Öffentlichkeit davon zu reden.

Eine Zeitlang überlegte Frau Ballmann, ob sie sich dem alten Martin Ballmann, dem Schwiegervater in der Färberbachstraße, anvertrauen sollte. Aber sie verwarf den Gedanken wieder, denn in den ganzen Jahren der Ehe hatte es kaum einen Verkehr zwischen ihr und dem Schwieger- und Großvater gegeben. Als die Kinder kleiner waren, hatten Ballmanns den Großvater ab und zu besucht, aber die Kinder hatten nur Angst vor dem alten, griesgrämigen Mann und der großen, kalten Wohnung gehabt. So war der Verkehr versickert. Nie, kein einziges Mal hatte der alte Ballmann sie in dem Haus in der Siedlung, in der Ballmanns nun schon das zehnte Jahr wohnten, besucht. Es sei ihm zu beschwerlich, hatte er immer gesagt.

So vertraute sich Frau Ballmann – es war in der Woche vor Ostern – Rechtsanwalt Awuscheit an. Es war gegen halb ein Uhr. Frau Ballmann, schon im Mantel, brachte ein paar Akten zu Awuscheit in dessen Zimmer. Der lispelte: »Danke. Sie gehen jetzt?«

»Ja, nein«, sagte Frau Ballmann. »Darf ich Sie fünf Minuten mit einer privaten Sache stören?«

Awuscheit schaute auf: »Wollen Sie kündigen?«

»Nein«, sagte Frau Ballmann. »Es ist wegen meinem Mann.«

»Ah-so«, sagte Awuscheit. Er wußte bereits alles. Das merkwürdige Verhalten des Landgerichtsdirektors Ballmann hatte sich längst in der ganzen Justiz und in den Anwaltskreisen herumgesprochen. »Wollen Sie sich scheiden lassen?« fuhr Awuscheit fort.

Diese Frage hatte Babette Ballmann am allerwenigsten erwartet, weil ihr diese Möglichkeit völlig fern gelegen war. Sie antwortete nicht und schaute Awuscheit entgeistert an.

»Ob Sie sich scheiden lassen wollen?« wiederholte Awuscheit etwas lauter, als ob er mit einer Schwerhörigen reden müsse.

»Nein«, sagte Babette Ballmann jetzt, »nein – natürlich nicht.«

»So«, sagte Awuscheit, »ich hätte gemeint, Sie wollten sich scheiden lassen.«

»Es ist ganz schrecklich«, sagte Babette Ballmann leise. Awuscheit wurde es unheimlich; er fürchtete, Frau Ballmann würde gleich zu weinen anfangen.

»Das denke ich mir«, sagte Awuscheit schnell, »aber wenn Sie sich nicht scheiden lassen wollen – dann wird wohl nichts zu machen sein.«

»Ich meine«, sagte Babette Ballmann, »entschuldigen Sie, wenn ich Sie damit belästige – ich sehe, Sie wollten grade etwas diktieren –«

Awuscheit nickte und hielt sich am Mikrophon seines Diktiergerätes fest wie an einem Nothebel, mit dessen Hilfe er das Gespräch abbrechen konnte, sagte aber: »Ja, ja – nein, nein – Ihr privater Kummer geht natürlich vor.«

»Können Sie sich erklären, wie so etwas passieren kann, Herr Awuscheit?«

»Schwer erklärbar, Frau Ballmann. Es sind eben rätselhafte Dinge, die so in der menschlichen Psyche vorgehen.« Ganz zufrieden war Awuscheit mit der Formulierung seines Trostes nicht. Er sagte zu sich selber: was soll man dazu groß sagen – und knipste an seinem Mikrophon herum.

»Das ist jetzt seit vier Wochen so, und seit vierzehn Tagen geht er nicht mehr aus dem Zimmer oben heraus – wir haben es immer ›Studio‹ genannt, früher –«, Babette Ballmann fuhr sich mit dem Taschentuch an die Augen.

»Naja«, sagte Awuscheit, »strenggenommen ist es ja immer noch das ›Studio‹ –«

»Und er wäscht sich nicht und rasiert sich nicht –«

»Hm, hm. Unangenehm, wahrscheinlich. Der Geruch, meine ich mit der Zeit – Verzeihung, ich meinte nur –«

»Das ist das wenigste. Auch, ja, aber das –«

»Vielleicht wird es eines Tages besser. Sicher. Das ist sicher –«, Awuscheit legte das Mikrophon hin, »– das ist sicher eine Krise. Wahrscheinlich macht jeder Mensch so etwas einmal durch, in dieser oder jener Form. Ihren Mann hat es besonders schwer erwischt. Aber das gibt sich wieder.«

»Glauben Sie?«

»Ja. Sicher. Das glaube ich ganz sicher. Und Sie helfen ihm am besten, wenn Sie es auch ganz sicher glauben. Das *muß* doch besser werden, oder? Das kann doch nicht so weitergehen?«

»Es ist trostlos«, sagte Babette Ballmann. Sie schaute zu Boden und war jetzt wirklich den Tränen nahe.

»Neulich hat er zu mir gesagt: Ich bin neugierig, wann euch die Komödie zu dumm wird. Verstehen Sie das?«

»Hm. Das ist wahrscheinlich nur tiefenpsychologisch zu erklären. Das ist überhaupt ihrer Natur nach eine eher tiefenpsychologische Angelegenheit. Ja. Haben Sie schon einmal mit einem Psychologen gesprochen?«

»Ja. Der Oberlandesgerichtspräsident hat einen geschickt. Das heißt: eigentlich hätte Martin hingehen
sollen, aber er geht ja nirgends hin. Da ist der Psychologe gekommen.«

»Der wird nicht schlecht geladen gewesen sein, wenn
er hat kommen müssen.«

»Ja, auch. Aber schlimmer war es, daß Martin natürlich nichts geredet hat. Er hat nicht nur nichts geredet,
er hat sich mit dem Stuhl verkehrtherum hingesetzt
und die Wand angeschaut. Sowas ist ihm in seiner
ganzen Praxis noch nicht passiert, hat der Psychologe
gesagt. Und dann hat Martin das Radio eingeschal-
tet, weil um vier Uhr das Konzert gekommen ist.
Das ist das einzige, was er tut: Radio hören, aber
nur, wenn Musik ist. Der Psychologe hat versucht, die
Musik zu überschreien, aber da hat Martin das Radio
noch lauter gedreht. Es war furchtbar. Ich war her-
unten in der Küche, aber ich konnte gar nichts tun.
Es war furchtbar. Der Psychologe – hat der mir dann
erzählt – wollte das Radio leise drehen, da ist Martin, stellen Sie sich vor, das habe ich gar nie an ihm
gekannt, fast tätlich geworden. Wenn Sie nicht das
Radio in Ruhe lassen, habe Martin gesagt, sagt der
Psychologe, dann schmeiße ich Sie die Stiegen hinunter. Sie *Komödiant*.«

Awuscheit lachte meckernd.

»Martin hat, sagt der Psychologe, auf keine einzige
Frage geantwortet. Mir ist nicht zum Lachen –«

»Pardon – ich habe ja nur über den Psychologen ge-
lacht. Manchmal gönnt man es denen ja. Wie die sich
so ab und zu aufführen, kennen Sie ja auch, bei Gericht. Ich bestehe immer darauf, daß als Gutachter

ein Psychiater zugezogen wird. Psychiatrie ist was Handfestes. Psychologie ist ja nur Wischiwaschi. Wenn einer nur soviel spinnt, daß ein Psychologe genügt, dann brauche ich gar nicht auf Unzurechnungsfähigkeit zu plädieren. Das kennen Sie ja auch.«

»Schminken Sie sich ab und verduften Sie, hat dann Martin gesagt, und: Sie spielen eine *klägliche* Rolle. Da ist der Psychologe heruntergekommen. Ihr Mann ist völlig normal, hat er zu mir gesagt, während er den Mantel angezogen hat, völlig normal, nur unverschämt. Aber das *ist* doch nicht normal? habe ich gesagt. Der Psychologe hat mich ganz barsch unterbrochen: völlig normal. Nur frech. Und ist gegangen.«

»Der wird einen feinen Bericht für den Oberlandesgerichtspräsidenten schreiben!«

»Aber das *ist* doch wirklich nicht normal?«

»Es ist eben schwer für einen Psychologen, denke ich mir, wenn sich der Patient nicht an die Spielregeln der Psychologie hält. Ich kann mir das gut vorstellen. Können Sie sich daran erinnern, wie bei uns hier in der Kanzlei vor zwei oder drei Jahren die Heizung so komisch geklopft hat?«

»Ja –«, sagte Babette Ballmann etwas abwesend.

»So gegluckert und geknackst. Da habe ich einen Installateur gerufen. Der hat an ein paar Ventilen herumgeschraubt, und nachher hat es geklopft und geknackst wie vorher. Da habe ich nochmals den Installateur gerufen, und da hat der Installateur gesagt, ein ganz einfacher Mann, aber er hat etwas sehr etwas Gescheites gesagt: ich richte Ihnen alles, wenn Sie mir sagen, was fehlt. Wenn Sie mir nur sagen: es klopft und knackst, dann ist das gar nichts. So ist das mit der Psychologie auch. Im Grunde genommen sogar mit der Medizin. Die helfen einem nur, wenn man eigentlich schon wieder dabei ist, gesund zu werden. Bei der Medizin nicht immer, natürlich nicht. Ein gebrochenes Bein oder ein Herzinfarkt – das ist was anderes, logisch. Aber bei der Psychologie ist es genau wie beim Installateur. Ein Installateur hilft einem nur, wenn man selber was von Installation versteht, sonst nicht. Der Installateur hat bloß die Rohrzangen. So ist es bei der Psychologie –«

»Meinen Sie?« fragte Frau Ballmann. Sie schaute auf die Heizkörper hinter Awuscheits Schreibtisch. Das Klopfen und Knacksen hatte sie damals auch immer gestört. Es war manchmal so laut gewesen, daß es noch auf den Diktatfolien zu hören war. Erst jetzt, als Awuscheit das sagte, fiel aber Frau Ballmann auf, daß es dieses Knacksen und Klopfen nicht mehr gab.

»Ja«, sagte Awuscheit, »eines Tages ist das Knacksen verschwunden. Von allein.«

»Sie meinen –?«

»Wahrscheinlich. So geht es auch bei Ihrem Mann.«

»Aber wann?«

»Das kann natürlich niemand sagen. Vielleicht schon morgen oder heute – wenn Sie jetzt heimkommen ...«

Frau Ballmann stand auf und murmelte einen Dank. Awuscheit stand auch auf und war erleichtert. Bis zum Auto, das vor dem Haus stand, in dem Awuscheits Kanzlei war, schien Frau Ballmann die Welt etwas heller, aber als sie dann ins Auto stieg, wußte sie, daß sich daheim nichts geändert hatte; und so war es dann auch.

XIII

Oberstaatsanwalt Dr. F. war ein älterer Beamter kurz vor der Pensionierung. Sein Ruf innerhalb der Justiz war nicht schlecht, aber schillernd. Höheren Chargen in der Justiz, die sich entweder kulturell interessiert geben oder in Ausnahmefällen sogar sind, haben ein Abonnement auf die Symphoniekonzerte des Rundfunks. Man weiß natürlich, wo wer sitzt. Der Amtsrichter Pfeiffer – jener Amtsrichter mit der reichen Frau, der sich geweigert hatte, der Empfehlung für früheren Sitzungsbeginn zu folgen – gehörte zwar nicht zu den höheren Chargen in der Justiz, hatte aber dennoch ein Konzertabonnement, was ihm aber, muß man gerechterweise sagen, nicht schadete. (Da schadete ihm mehr, daß er täglich mit seinem ungehörig großen und teuren Auto in den Justizpalast einfuhr; noch mehr schadeten ihm lose Reden in dem Zusammenhang; so äußerte er einmal, daß seine, Pfeiffers Schuhe – italienische Maßschuhe, die er sich aus Bologna schicken ließ – einzeln teurer seien als das Auto des Oberpräsidenten. Es kam dem Oberpräsidenten zu Ohren, worauf sich der merkwürdigerweise zwar kein größeres Auto, aber teurere Schuhe kaufte.) Der Amtsrichter Pfeiffer hatte ein Konzertabonnement für zwei Plätze auf der Galerie/Seite, von wo aus er mühelos das ganze Parkett überblikken konnte. Dabei entging ihm nicht, daß Oberstaatsanwalt Dr. F., ein nahezu enthusiastischer Musik-

freund, in jedes Konzert von einer anderen Dame
begleitet wurde. Selbstverständlich kolportierte Amtsrichter Pfeiffer diesen Tatbestand immer sofort am
nächsten Tag. Moralische Vorwürfe konnten Dr. F.
nicht gemacht werden, denn er war Junggeselle, aber
er handelte sich unter anderem damit den Ruf eines
Weltmannes ein, was in der Justiz nicht unbedingt
als Lob gilt. Natürlich entging auch den anderen
Konzertbesuchern aus Justizkreisen nicht, daß Oberstaatsanwalt Dr. F. mit häufig wechselnden Damen
in der Pause prominierte. Im übrigen waren die Damen meist außerordentlich attraktiv. (Ist es bezeich-
nend, daß den Kollegen die Damen in der Begleitung
Dr. F.s auffielen, nicht aber etwas ganz anderes, was
dem Oberstaatsanwalt offenbar viel wichtiger war?
Daß er nämlich während der musikalischen Darbie-
tung überhaupt nicht auf seine jeweilige Dame achtete, sondern aufmerksam in kleinen Taschenpartitu-
ren mitlas.)
Oberstaatsanwalt Dr. F. verschmähte die Kantine
und hatte einen Stammtisch in den ›Schwanenstuben‹.
Ob er dort allein aß oder womöglich auch mit Damen, konnte in Kollegenkreisen nicht nachgeprüft
werden, denn in ein Lokal, in dem das – wenngleich
hervorragend zubereitete – Tellerfleisch sechzehn
Mark kostet, verirrt sich kein Richter. Ballmann war
als junger Assessor in der Abteilung Dr. F.s (damals
noch Erster Staatsanwalt) gewesen und hatte sehr viel
von ihm gelernt. Dr. F. war ein glänzender Jurist,
von untadeliger politischer Gesinnung selbst in den
Augen des Ministeriums, und so konnte man nicht
umhin, den Mann ab und zu zu befördern, wenn er

auch jenen etwas verbissenen Ehrgeiz vermissen ließ, den das Ministerium bei strebsamen Leuten so schätzt, weil er Aufopferung im Dienst verspricht. Dr. F. wurde befördert – aber mit Verzögerung. Als er endlich Oberstaatsanwalt wurde, ging Ballmann (damals selber schon Erster Staatsanwalt) voll ehrlicher Freude hinüber und gratulierte Dr. F. Der freute sich auch, bot Ballmann einen Platz an und plauderte ein wenig mit ihm. »Sehen Sie, Herr Ballmann«, sagte Dr. F., »es ist nicht wahr, daß ich keinen Ehrgeiz habe. Ich *wollte* Oberstaatsanwalt werden – aber ich habe es mir nicht heraushängen lassen. Ich habe es auch nicht nötig. Schauen Sie: ich habe ein paar Zinshäuser von meinem Vater geerbt, und von meiner Mutter die Hälfte einer gutgehenden Spedition, die mein Bruder führt, ich bin stiller Teilhaber. Die Zusammenarbeit mit meinem Bruder funktioniert prima: ich lasse ihn in Ruhe, und er überweist mir vierteljährlich meinen Gewinnanteil. Trotzdem wollte ich Oberstaatsanwalt werden. Warum? Da fragen Sie mich zuviel. Wahrscheinlich, weil es sich auf dem Grabstein besser ausnimmt.«

»Und jetzt sind Sie's«, sagte Ballmann.

»Ja«, sagte Dr. F. »Wie man mir vorgestern die Urkunde ausgehändigt hat, habe ich gesagt: danke, das ist alles, was ich mir noch gewünscht habe; Sie können meinen Personalakt zubinden. Jetzt kommt nur noch der Pensionierungsantrag oder die Sterbeurkunde.«

Der Landgerichtspräsident griff, das war an einem Vormittag gegen Ende Mai, zum Telephon und rief Dr. F. an. Die beiden waren Absolventen des gleichen Examensjahrgangs, waren in fernen, fast schon grauen Zeiten einige Monate im gleichen Zimmer gesessen, waren sich im Lauf der Karrieren in dem relativ engen Justizbereich immer wieder über den Weg gelaufen, hatten sich aber in den letzten Jahren – seit die ganze Strafjustiz räumlich von der Ziviljustiz getrennt worden war – etwas aus den Augen verloren. Dr. F., der die Gabe hatte, alte Verbindungen auch nach langer Zeit so aufzunehmen, als seien sie nie unterbrochen gewesen, machte ein großes Hallo, erzählte den neuesten Witz, den er eben gehört hatte, und schlug vor, als ihn der Landgerichtspräsident in einer heiklen dienstlichen Sache um einen eher privaten Rat bat, daß man sich gleich heute mittag in den ›Schwanenstuben‹ treffen möge.

Überpünktlich – zehn vor zwölf – stand der Präsident vor dem Lokal. Nach einigen Minuten ging er hinein, war eher unangenehm von der getäfelten Herrenclubatmosphäre berührt, murmelte Unverständliches, als ihn der Kellner fragte: »*Einen* Platz?«, schaute herum, suchte Dr. F. und ging, als er sah, daß der noch nicht da war, wieder hinaus. Dr. F. war von gediegener Zuverlässigkeit, das wußte der Präsident, dennoch sagte er sich: Vorsicht ist die Muter der Porzellankiste, es kann ihm ja irgendwas dazwischen gekommen sein, dann sitze ich allein in dem Lokal, zahle das Essen, und es war zwecklos. Um zwölf kam Dr. F., ging voraus ins Lokal, wo er freundlich begrüßt und an den für ihn reservierten Tisch geführt wurde.

»Da ißt du jeden Tag?« fragte der Präsident.

»Seit zwanzig Jahren«, sagte Dr. F.

Der Kellner brachte zwei Speisekarten, reichte eine

davon Dr. F. aber nur symbolisch und fragte gleichzeitig: »Wie immer, Herr Oberstaatsanwalt?«

»Wie immer«, sagte Dr. F.

Der Präsident las mit gepreßtem Atem die Preise, entschied sich für ein Gericht zu neun Mark achtzig.

»Das ist doch nur eine Vorspeise?!« sagte Dr. F.

»Ach so –«, sagte der Präsident.

»Weißt du was«, sagte Dr. F., »du bist mein Gast.«
Und er wandte sich zum Kellner: »Für den Herrn
Landgerichtspräsidenten das gleiche wie für mich. Es
wird ihm schon schmecken.«

»Aber das kann ich doch nicht annehmen«, sagte der
Präsident im Brustton der Überzeugung.

»Ach was –«, sagte Dr. F. freundlich, »wenn wir uns
schon nur alle fünf Jahre sehen. Und – wie geht es
dir?«

Der Präsident lehnte sich zurück, seufzte und erzählte
den Fall Ballmann. »Du kennst doch Ballmann?«

»Selbstverständlich«, sagte Dr. F., »der war doch Assessor bei mir in der Abteilung damals, als er zur
Justiz kam.«

Die Schilderung der Mißlichkeiten, die der Fall Ballmann mit sich brachte, dauerte bis nach dem Dessert
(Orangencreme mit Sauerkirschen), und als der Kellner zwei Portionen Kaffee und zwei Williaminen
brachte, schloß der Präsident seine Lamentation mit
dem Seufzer: »Und was soll man da tun?«

Dr. F. dachte lange nach und lachte dann.

»Du lachst?«

»Nein – eigentlich lache ich nicht. Aber es ist doch komisch, was sich in den Leuten so alles abspielt. – Und
das Ministerium schiebt es quasi dir in die Schuhe?«

»In die Schuhe schieben ist nicht ganz der richtige Ausdruck –«

»Jedenfalls brauchen sie einen, der dran schuld ist. Aber womöglich ist niemand dran schuld. Es gibt Kalamitäten, an denen niemand schuld ist. Aber das hilft nicht viel. Der Fall Ballmann muß irgendwie gelöst werden, das ist mir schon klar. Irgendwie. Aber: *wie*? Der Psychologe war eine Pleite? Ja. Denk' ich mir. Zwangspensionieren? Da denkt natürlich jeder an den Fall Himmelreich –«

Der Landgerichtspräsident stieß pfeifend den Atem aus und rollte die Augen zur Decke.

»– hat man ihn medizinisch untersuchen lassen?«

»Das war vielleicht ein Zirkus. Er *wäscht* sich ja nicht mehr, verstehst du? Er stinkt ja auf zehn Schritte gegen den Wind. Der Landgerichtsarzt hat sich geweigert, das Zimmer zu betreten, wo Ballmann haust, bevor der sich nicht badet. Ich kann doch nicht zwei Wachtmeister hinschicken, damit sie einen verrückten Landgerichtsdirektor baden.«

»Er ist also nicht untersucht worden?«

»Doch. Der Arzt ist dann schon hinausgegangen. Ohne Befund. Kerngesund. Er hat alles mit sich machen lassen, EKG und was weiß ich alles, ganz brav. Ich hatte ja die Befürchtung, daß er renitent wird. Aber nichts –«

»Kerngesund?«

»Wir können doch nicht einen kerngesunden Richter von fünfzig Jahren zwangsweise pensionieren.«

»Warst du selber schon bei ihm?«

»N-nein«, sagte der Präsident, »ich möchte das Risiko nicht eingehen, wenn du verstehst, was ich meine.«

»Und die Bezüge werden ihm fortgezahlt?«

»Vorerst ja, solang nicht ... es ist ja ...«

»Aber was er macht, ist doch eine klare Dienstpflicht-verletzung?«

»Wenn er bei Verstand ist: ja.«

»Und wenn er nicht bei Verstand ist, muß er zwangs-weise pensioniert werden?«

»Aber der Skandal! Und das Ministerium schiebt es mir – also – na ja, schiebt mir in die Schuhe, wie du sagst, daß er überhaupt Vorsitzender Richter gewor-den ist.«

Oberstaatsanwalt Dr. F. lehnte sich in seinen Sessel zurück und trank zeremoniös seinen Williamsbirnen-schnaps aus. Der Landgerichtspräsident schob das noch unberührte kleine Gläschen, das der Kellner vor-hin neben die Portion Kaffee gestellt hatte, zu Dr. F. hinüber. »Wenn ich mir erlauben darf«, sagte er, »ich habe nichts davon getrunken. Soviel Alkohol zu Mit-tag ... ich muß nachmittags noch einiges tun ...«

»Ich auch«, sagte der Oberstaatsanwalt.

»Das könnte ich nicht, nach zwei Schnäpsen –«

»Eiserner Wille«, sagte Dr. F. und kippte den zwei-ten Schnaps, »verbunden mit einem gewissen Trai-ning.« Er wechselte den Ton: »Vielleicht leidet er an der Justiz?«

»Wer? Ballmann?«

»Natürlich. Wenn einer einmal ein paar Tage blau-macht, oder wenn einer Akten mit nach Hause nimmt und sagt: morgen arbeite ich zu Hause, ich muß das schwierige Urteil in der Sache X ./. Y entwerfen, und transportiert die Akten ungelesen hin und wieder zu-rück und legt sich statt dessen auf seinem Balkon in die Sonne, dann ist er faul. Faulheit ist ein legitimer Charakterzug im Leben jedes Menschen. Wo kämen wir hin, wenn wir lauter Tüchtige hätten – die Faulheit ist das Mistbeet, auf dem die wahren Eingebungen der Menschheit wachsen. Faulheit und Fäulnis ist ungefähr dasselbe. Die Zersetzung des Unbrauchbaren, auf dem dann das Wahre wächst. Genies waren alle faul. Die Tüchtigen werkeln nur im Souterrain, das sind nur die Packer und Paketkleber, wirklich hervorbringen tun sie nichts. Das gilt übrigens auch für die Justiz – vielleicht *gerade* für die Justiz, das hat sich nur noch nicht bis zu den verantwortlichen Personalreferenten durchgesprochen, weil da oben ja auch nur Tüchtige wieseln, die Tätigkeit mit Arbeit verwechseln. Aber was wollte ich sagen –?«

»Wenn einer einmal ein paar Tage blaumacht –«, half der Landgerichtspräsident, der innerlich vor der mit dem Unterton eines lebenslangen Nachdenkens über diesen Punkt vorgebrachten Rede etwas geschrumpft war, weil er sich bisher auch für einen Tüchtigen gehalten hatte, was er aus der Tatsache ableitete, daß er Landgerichtspräsident geworden war.

»Ach ja –«, sagte Dr. F., »wenn einer ein paar Tage blaumacht, ohne Urlaub zu nehmen et cetera, dann ist er faul, oder er mag nicht, oder er hat was Besseres zu tun, oder wer weiß. Wenn aber einer wie Ballmann die totale Verweigerung praktiziert, dann muß man davon ausgehen, daß er es nicht aus Jux macht. Dann ist was mit ihm. Dann leidet er. Was liegt näher, als anzunehmen, er leide an der Justiz?«

»Kann man an der Justiz leiden?« fragte der Landgerichtspräsident, immer noch geduckt.

»Wenn man im innersten Herzen die Gerechtigkeit liebt, kann man vielleicht nicht anders, als an der Justiz zu leiden.«

»Das verstehe ich nicht«, sagte der Landgerichtspräsident.

»Das sinnliche Denken ist den Richtern abhanden gekommen. Kennst du Schopenhauer?« fragte Dr. F.

»Selbstverständlich«, sagte der Landgerichtspräsident.

»Ich meine nicht, ob du ihn kennst, ich meine, ob du ihn gelesen hast?«

»Nicht direkt, oder es ist jedenfalls schon lang her –«, murmelte der Landgerichtspräsident.

»In den nachgelassenen Schriften, die fast das Interessanteste sind, was Schopenhauer geschrieben hat, Schriften, die er aus Eigensinn nicht veröffentlicht hat oder aus Resignation vielleicht, kann man auch sagen, da gibt es eine Reflexion über das sinnliche und das bloß-begriffliche Denken. Ich weiß nicht, ob du verstehst, was ich meine?«

»Ganz klar«, sagte der Landgerichtspräsident.

»Schopenhauer gebraucht ein Bild: das sinnliche Denken entspricht der Begeisterung, die man beim Anblick eines Sonnenunterganges empfindet. Das bloß-begriffliche Denken entspricht dem Anschauen einer gelungenen Photographie von einem Sonnenuntergang.«

»Hat es zu Schopenhauers Zeiten schon Photographien gegeben?«

»Ja, aber abgesehen davon hat Schopenhauer gesagt: Kupferstich. Ich habe nur aktualisiert.«

»Aha.«

»Bloß-begriffliches Denken. Man kann auch sagen:

Denken aus zweiter Hand. Schau dir doch einmal die Urteile unseres Obersten Landesgerichts an oder die vom Bundesgerichtshof. Da wagt keines einen Gedanken, der nicht schon vorgekaut ist. Die trauen nicht einmal dem Text des Gesetzes. Es gibt Rechtsfälle, sogar komplizierte Rechtsfälle, die mit Anwendung eines einzigen Paragraphen zu lösen sind, man muß nur wissen, mit welchem. Natürlich sind unsere Oberst-Räte und Bundesrichter nicht so dumm, daß sie nicht den Paragraphen wüßten, aber eher würden sie sterben, als eine Sache mit so einer einfachen Entscheidung zu lösen.«

»Da hast du aber nicht ganz recht –«

»Selbstverständlich habe ich ganz recht. Ich habe meinen Assessoren – auch dem Ballmann – immer gesagt: halten Sie die richtige Ordnung ein! Die richtige Ordnung ist eine Reihenfolge, die, möchte man meinen, selbstverständlich ist: drei Viertel aller denkbaren Rechtsfälle lassen sich durch schlichtes Anstrengen der eigenen Gehirnzellen lösen. Von der Hälfte des verbleibenden Viertels –«

»– also ein Achtel!« sagte der Landgerichtspräsident schnell.

»Mag sein«, sagte Dr. F., »– für dieses Achtel genügt eine weitere, bescheidene Anstrengung: ein Blick ins Gesetz. Für neunzig Prozent des verbleibenden Teils –«

»Das ist jetzt schwer zu rechnen«, sagte der Landgerichtspräsident.

»– bedarf es des Nachschlagens in einem Kommentar, und erst, wenn einen das nicht weiterbringt, in einem verschwindenden Bruchteil von Fällen, ist es nötig, der Rechtssprechung und der Literatur nachzugehen. Aber schau unsere Kollegen an: erzählst du einen Fall, schon schreien sie, sie wüßten eine einschlägige BGH-Entscheidung, die auf den Fall paßt. Übrigens *passen* in den seltensten Fällen die Entscheidungen, wenn man genauer nachliest; passen tun allenfalls die markigen Leitsätze, die in der *NJW* fettgedruckt sind. Alle lesen nur das Fettgedruckte, und was fettgedruckt wird, entscheidet der Redakteur. Das ist auch noch nicht untersucht worden: der Einfluß der *NJW*-Redakteure auf die Rechtsfortbildung. Er ist wahrscheinlich größer als der des BGH.«

»Das ist alles ganz witzig, aber –«

»Das ist nicht ganz witzig, entschuldige, das mag ganz witzig *klingen,* was nicht darüber hinwegtäuschen darf, daß das sehr ernst ist. Ja. Sehr ernst. Durch die Bank zäumen alle, namentlich die Obergerichte, den Gaul von der verkehrten Seite auf. Weißt du, woher das kommt? Es ist die Angst vor der Verantwortung. Wer seine Entscheidung auf möglichst viele Zitate stützt, verteilt die Verantwortung auf alle möglichen anderen Instanzen, und wenn er genug Zitate zusammenrecht, kann er selber zum Schluß überhaupt nichts mehr dafür. Natürlich ist diese Sozialisierung der Verantwortung ein Zug unserer Zeit überhaupt. Aber bei der Justiz ist er besonders schlimm, weil die Gerechtigkeit eine königliche, was sag' ich, eine göttliche Sache ist, und wenn die in die Hände solcher kurzbeiniger Federfuchser kommt, die nur an ihre Besoldungsgruppe, an ihre Krankenbeihilfe und an ihre Bausparprämien denken, dann wird sie zum Selbstzweck. Ist sie schon geworden. Sobald einer auch nur Oberlandesgerichtsrat geworden ist, verbringt er doch nur noch seine Zeit damit, andere Entscheidungen wiederzukauen.«

Der Landgerichtspräsident prustete in die Hand.

»Das Denken aus zweiter Hand – das nur begriffliche Denken –, glaubst du, daß es *nur* an der Bevölkerung, an den Rechtssuchenden liegt, wenn sie uns nicht mehr verstehen?«

»Bist du nicht etwas zu pessimistisch?«

»Die Zeit für Optimismus ist vorbei, habe ich neulich in einem Buch gelesen, weiß nur nicht mehr, in welchem Buch das war. Nein, das ist nicht pessimistisch. Das klingt nur so. Und wenn einer über die wirklichen Aufgaben nachdenkt, die wir hätten, *du* und *ich* und wir alle, und das mit dem vergleicht, was ihm zu tun *erlaubt* ist – hörst du? ich sage: erlaubt ist, denn diese ärmelschonerische, kleinkarierte Personalpolitik läßt ihn ja nicht das tun, was er, wenn er ein Gewissen hat, zu tun verpflichtet wäre –, wenn einer da wirklich drüber nachdenkt, und vielleicht hat der Ballmann darüber nachgedacht, dann *muß* in dem Mann irgend etwas passieren.«

Der Oberstaatsanwalt holte tief Luft.

»Das sagst du nur«, sagte der Landgerichtsdirektor leise, »weil *du* so spät Oberstaatsanwalt geworden bist.«

»Das dürfte die mieseste Kritik an meinen sauer erkämpften und erlittenen Gedanken sein, die einer anbringen kann.«

»Entschuldige«, sagte der Landgerichtspräsident, dem einfiel, daß er ja vom anderen zum Essen eingeladen war, »es war mehr scherzhaft gemeint.«

202

»Es war natürlich nicht scherzhaft gemeint, aber ich trage es dir nicht nach, weil auch dein Denken nicht mehr aus den Schienen springen kann, in die du es vor Jahren gezwängt hast. Die Justiz«, sagte Oberstaatsanwalt Dr. F. und zündete grandios die Zigarre an, die ihm der Kellner ohne Bestellung gereicht hatte, »ist ein gut funktionierender Verwaltungs- und Richterversorgungsapparat, der mit der Gerechtigkeit ungefähr soviel zu tun hat wie die Landeskirchenverwaltung mit dem lieben Gott.«

»Aber es gibt doch Ausnahmen unter den Kollegen. Ich gebe zu, es läuft eine Menge kleinbürgerlicher Streber herum, aber selbst unter Senatspräsidenten gibt es Persönlichkeiten –«

»Richtig«, sagte Oberstaatsanwalt Dr. F., »ich bin lang genug bei der Justiz, um so ziemlich alle zu kennen. Sicher, selbst unter Senatspräsidenten gibt es Persönlichkeiten, ich halte es nicht für ausgeschlossen, daß selbst im Ministerium Leute von Kultur sitzen, aber die haben ihre Karriere alle mit etwas bezahlen müssen –«, er senkte seine Stimme, »– ich mit meiner bescheidenen Karriere, ich selber excludier' mich nicht.«

Der Landgerichtspräsident verstand das Zitat nicht: »Womit bezahlt?«

»Mit dem Gleichgewicht der Seele, zum Beispiel, mit dem Feuer, das in ihnen vielleicht war, mit Liebe – mit Freiheit, im schlimmsten Fall mit dem Leben –«

»Wie«, sagt der Landgerichtspräsident, »*mit dem Leben bezahlt?*«

»Sie haben ihr wirkliches, wahres Leben dafür gegeben«, sagte Dr. F. still.

»Das verstehe ich immer noch nicht.«

Dr. F. schaute in sich hinein und zog an seiner Zigarre: »Manchmal verstehe ich es auch nicht.«

»Du redest so leise –«

»Und was«, sagte der Oberstaatsanwalt so laut, daß sein Tischgenosse ein wenig zurückprallte, »kann ich dann für dich tun in der Sache Ballmann?«

»Ob du nicht einmal zu ihm hinausfährst?«

»Hm«, sagte der Oberstaatsanwalt. »Diese Bitte habe ich erwartet. Was versprichst du dir davon?«

»Es muß doch einen Menschen geben, mit dem er redet. Der aus ihm herausbringt –«

»Ich sehe«, sagte der Oberstaatsanwalt, winkte dem Kellner: »die Rechnung, bitte«, drehte sich wieder zum Landgerichtspräsidenten, »ich sehe, daß bei dir in puncto Menschenverstand trotz deiner Karriere –«, er rächte sich hier für die Bemerkung seines Kollegen vorhin »– Hopfen und Malz noch nicht ganz verloren sind, da du dabei auf mich verfallen bist. Das soll keine Unbescheidenheit sein – eher will ich damit sagen, daß ich überrascht bin.« Der Oberstaatsanwalt legte zwei Hundertmarkscheine auf den Teller. Der Landgerichtspräsident versuchte, dezent vom Geld wegzuschauen. »Wo wohnt er denn? Ich rufe dich nachher an, und dein Vorzimmer soll mir die Adresse durchgeben.« Der Teller mit den zwei Hundertmarkscheinen, den der Kellner mitgenommen, wurde zurückgebracht. Der Oberstaatsanwalt ließ – ein Zehnmarkschein blieb auf dem Teller zurück – das Geld in die hohle Hand rieseln, steckte es in die rechte, den Rechnungsbeleg in die linke Jakkentasche.

»Geh'n wir?« Er stemmte sich vom Tisch. »Wenn du willst, fahre ich morgen hinaus.«
Der Landgerichtspräsident blickte scheu auf den Zehnmarkschein zurück.

XIV

Es war dann doch nicht schon am nächsten Tag, daß Oberstaatsanwalt Dr. F. in den Vorort zu Ballmanns Einfamilienhaus hinausfuhr, sondern einige Tage später, am 1. Juni, was in jenem Jahr der Freitag vor Pfingsten war. Dr. F. beschloß, den Nachmittag auf den Besuch zu verwenden, verzichtete auf das Mittagessen in den ›Schwanenstuben‹, warf seine Akten in der freudigen Gewißheit, sie bis zum Dienstag nicht mehr wiedersehen zu müssen, in den Aktenhund, nahm in einem kleinen italienischen Lokal einen Imbiß zu sich und fuhr dann hinaus. Es war ein herrlicher Tag, alles blühte, die Schulkinder tobten nach Hause, den Pfingstferien entgegen.

Dr. F. hatte sich bei Frau Ballmann – die ihn natürlich von ihrer aktiven Zeit bei der Justiz her auch kannte – telephonisch angemeldet. Er hatte gesagt, daß er auf eine quasi private Bitte des Landgerichtspräsidenten hin versuchen wolle, mit Ballmann zu sprechen. Um einen eventuellen Jammerausbruch Frau Ballmanns zuvorzukommen, sagte es Dr. F. bereits mit einem Unterton, der erkennen ließ, daß er selber nicht an den Erfolg seiner Mission glaube.

Aber Babette Ballmann hätte auch ohnedies nicht mehr gejammert. Sie hatte sich in ihrer Situation eingerichtet, der Kummer war in ihre Seele eingesunken, war noch da, aber war eingebettet in eine dicke Schicht Fett. Nur ab und zu bohrte sich eine Kante des Kummers seitwärts durch das Fett hinaus und trat für kurze Zeit in Erscheinung. Dann, und nur dann, jammerte Babette Ballmann. Die unfreiwilligen Zuhörer des Jammerns waren meistens die Kinder, allenfalls Rechtsanwalt Awuscheit. Die Kinder liefen davon, wenn die Mutter jammerte, Awuscheit hörte höflich zu; er war als Anwalt gewohnt, sorgenvolle Tiraden anzuhören. Ab und zu traf das ziellose Geschoß des Jammerns einen Nachbarn, den Sparkassen-Filialleiter oder den traktorfahrenden Herrn Jahwol. Es war ungefährlich. Herrn Jahwols Traktor war so laut, daß er akustisch schon nichts verstand. Der Sparkassen-Filialleiter verstand im übertragenen Sinn nichts, denn Babette Ballmanns Stimme wurde im Jammerfall so laut und ihre Wortführung so kraus, daß kein Mensch aus dem Wortschwall schlau werden konnte.

So öffnete Babette Ballmann dem Oberstaatsanwalt nur stumm die Tür und wies ihm den Weg nach oben.

Ballmann hörte die Schritte.

Er saß, wie immer, auf seinem Stuhl ganz in der Ecke mit dem Rücken zur Wand. Das Radio hinter ihm spielte (Nocturnes von Chopin; gespielt von Arthur Rubinstein), Ballmann hatte ein aufgeschlagenes Buch in der Hand.

Gibt es, hatte Ballmann oft gedacht, diesen Hofmannsthal wirklich oder gibt es nur das Buch? (Ballmann beschränkte sich in seiner Lektüre auf die Bücher, die er von seinem Stuhl aus greifen konnte. Am bequemsten erreichte er die zweibändige Buchgemeinschaftsausgabe der gesammelten Werke Hugo von

Hofmannsthals, die er aus dem Regal ziehen konnte, wenn er den rechten Arm in natürlicher Lage etwas nach hinten schwenkte.) Das heißt: sind die Bücher Attrappen, die mit Wörtern gefüllt sind, oder haben sie – zur Tarnung – begabtere unter den Schauspielern mit der Abfassung der Bücher beauftragt?

Oberstaatsanwalt Dr. F. klopfte an. Ballmann antwortete nicht. Dr. F. trat trotzdem ein, schloß die Tür leise hinter sich. F. hatte auf der etwas mehr als halbstündigen Fahrt im Auto – er hatte sich zunächst verfahren, die kleine Siedlung, in der Ballmanns Haus stand, war nicht leicht zu finden, wenn man sich dort nicht auskannte – überlegt, ob er sich für die Begrüßung oder für das erste Wort an Ballmann eine Formulierung zurechtlegen solle:

›Was machen Sie denn für Sachen, Ballmann‹ oder ›Was machen Sie denn für Sachen, lieber Ballmann‹ oder ›lieber Herr Ballmann –‹

Damit würde man mit der Tür ins Haus fallen, was einem Mann wie Oberstaatsanwalt Dr. F. contre coeur ging, aber andererseits war Ballmann, soviel F. erfahren hatte, fest entschlossen, sich so außerhalb jeder Konvention zu stellen, daß ein Gruß oder eine Floskel am Anfang eher schädlich wirken konnte.

Oder die etwas plumpe und dennoch distanzierende Formulierung – den merkwürdigen medizinischen Schein-Plural (so genannt, weil ihn aus ungeklärten Gründen Ärzte gern anwenden) ›Was machen *wir* denn für Sachen, lieber Ballmann‹, was noch aufgedonnert werden könnte mit ›lieber Freund‹ oder gar ›mein lieber Freund –‹

Oder soll man zur direkten Lüge greifen: ›Ja, lieber

Ballmann, ich war grad in der Gegend und dachte mir –‹ So dumm ist Ballmann natürlich nicht, um das zu glauben, oder anzunehmen ich glaubte, daß er es glaube – aber immerhin wäre etwas *gesagt* am Anfang. Nein. Das ist auch nur eine Konvention, und Ballmann könnte abweisend darauf reagieren.

Schlicht: ›Wie geht es Ihnen –‹? Das klingt konventionell, aber Ballmann dürfte merken, daß es keine Phrase ist. Es interessiert mich wirklich, wie es ihm geht. Dennoch: was frage ich, wo ich weiß, daß es ihm schlecht geht. Also vielleicht: ›Es geht Ihnen schlecht?‹ oder etwas sanfter, weniger direkt: ›Es geht Ihnen nicht gut? – höre ich –‹? oder ›hört man –‹? Aber was soll er darauf sagen. ›Ja‹, und dann ist man wieder dort, wo man vorher war.

Ein Satz, der der Wahrheit nahekommt: ›Sie wundern sich, lieber Herr Ballmann – (oder: ›lieber Kollege‹?) – daß ich unangemeldet hier bei Ihnen erscheine –‹ Zu dienstlich. Ich komme ja nicht dienstlich. Dienstlich interessiert mich der Fall nicht. Dienstlich würde ich den Schwellköpfen im Ministerium die Kalamität gönnen. Dienstlich käme ich nicht. Ich komme, weil ich Ballmann . . ., weil ich ihn mag? Was heißt: mögen. Damals, wann war das: 1958 kann sein schon 1957, als der junge Assessor Dr. Ballmann – ist er Doktor? Ich glaube: ja – als der junge Dr. Ballmann das erste Mal zu mir ins Zimmer gekommen ist, hatte ich das Gefühl: da kommt ein Mensch. Das Gefühl hatte ich nicht oft bei Gelegenheiten dieser Art. Ich habe mir gleich gedacht: der wird nichts bei der Justiz. Entweder verzehrt einen die Justiz oder man verzehrt die Justiz. Stimmt das? Man kann sagen, es stimmt. Was trifft für mich zu? Bin ich eine seltene Ausnahme, einer, dem es gelungen ist, auf dem schmalen Grat zwischen Fressen und Gefressenwerden bis zur Pensionierung zu balancieren? Bis zur Pensionierung? Naja, in den eineinhalb Jahren, die noch anstehen, wird mir in der Hinsicht nicht mehr viel passieren. Aber Ballmann gehörte zu den Opfern, nicht zu den Dompteuren der Justiz, das habe ich damals gleich gesehen –

Oder: ›Na, lieber Herr Ballmann, was macht Ihr *Lehrbuch für Konkursrecht*?‹

Das könnte er als Anzüglichkeit verstehen.

Oberstaatsanwalt Dr. F. beschloß, gar nichts zu sagen, hineinzugehen, zu schauen und zu warten, wie Ballmann reagieren würde.

Ballmann hatte das Buch, einen blau eingebundenen Band ohne Schutzumschlag, sinkenlassen, hielt ihn in der linken Hand, den Zeigefinger ins Buch geklemmt, dort, wo er gelesen hatte. Ballmann schaute zur Tür.

Dr. F. nickte einen stummen Gruß, tat einen Schritt in das Zimmer hinein, und da geschah es, daß Ballmann auch nickte. Dr. F. schloß hinter sich die Tür und trat einen weiteren Schritt vor. Es verschlug ihm fast den Atem. Im Zimmer stank es wie in einem Männerübernachtungsheim oder auf der Dritte-Klasse-Station einer Männerabteilung im Krankenhaus, bevor der Badetag kommt.

Dr. F. ging zum Fenster und öffnete es. Ballmann verfolgte Dr. F. mit dem Blick, drehte den Kopf wie ein Vogel. Dann ging Dr. F. zu Ballmann, nahm ihm das Buch aus der Hand, achtete sorgfältig darauf, daß es nicht zuschlug, das heißt: Dr. F. schob seinen Daumen in den Spalt, den Ballmanns Zeigefinger im Buchblock bildete. Dr. F. trat zurück und schlug das Buch auf. Eine Stelle war – kaum merklich – mit blassem Stift angestrichen:

»Zuweilen kam es des Morgens, in diesen deutschen Hotelzimmern, daß mir der Krug und das Waschbecken – oder eine Ecke des Zimmers mit dem Tisch und dem Kleiderständer, so nicht-wirklich vorkamen, trotz ihrer unbeschreiblichen Gewöhnlichkeit so ganz und gar nicht wirklich, gewissermaßen gespenstisch, und zugleich provisorisch, wartend, sozusagen vorläufig die Stelle des wirklichen Kruges, des wirklich mit Wasser gefüllten Waschbeckens einnehmend.« Und weiter unten war eine zweite Stelle angestrichen: »Es ging von seinem Anblick ein leichter unangenehmer Schwindel aus, aber kein körperlicher. Ich konnte dann ans Fenster treten und ganz dasselbe mit drei oder vier Droschken erleben, die an der anderen Straßenseite standen und warteten. Sie waren Gespenster von Droschken.«

Arthur Rubinstein war bei dem Nocturno in g-Moll op. 37 angelangt, einem Stück von herber Eleganz. Dr. F. brauchte seine Stimme kaum zu erheben, um Rubinstein zu übertönen:

»Haben *Sie* das angestrichen?«

»Ja«, sagte Ballmann.

»Aha«, sagte Dr. F. und setzte sich auf die Couch, ziemlich weit von Ballmann weg.

Ballmann drehte das Radio ab, mitten in einer weitausholenden Phrase. Dr. F. tat es fast körperlich weh, und er wollte schon sagen: lassen Sie doch, da sagte

Ballmann: »An dieser Stelle habt ihr euch verraten.«

»Ich weiß«, sagte Dr. F. und legte das Buch aufgeschlagen verkehrt herum auf den kleinen Couchtisch.

»Mich wundert es, daß diese Stelle durchgegangen ist. Ich nehme an: es gibt so etwas wie eine Zensur?«

»Gewiß«, sagte Dr. F.

»Wahrscheinlich ist der Zensor zu dumm, um die Subtilität zu durchschauen, mit der dieser Verrat geübt wurde.«

»Kann sein«, sagte Dr. F., »in der Tat ist die Stelle sehr subtil. Oder aber – es ist Absicht.«

»Absicht?«

»Wir wollten sehen, ob Sie es merken.«

»Ach«, sagte Ballmann. »Das hätte ich euch gar nicht zugetraut. War das nicht zu gefährlich?«

»Früher oder später, haben wir uns gedacht, werden Sie es doch durchschauen.«

»Das ist allerdings richtig. Aber: ich hätte die Stelle ja schon viel früher lesen können, mit siebzehn –?«

»Da hätten Sie sie noch nicht verstanden.«

»Wer hat dann den Text geschrieben? Welcher Komödiant war mit der Rolle beauftragt, dieses Buch für mich zu schreiben? Kenne ich ihn? Welche Rollen hat er *noch* gespielt?«

»Sie sagen Komödiant – das ist nicht der richtige Ausdruck. Sie müssen sagen: Gespenst, oder besser: Schatten.«

»Wieso?«

»Ein Komödiant lebt weiter, wenn er die Szene verläßt. Die Rolle verlischt, der Komödiant nicht. Aber wir Schatten verlöschen, wenn wir aus Ihrem Gesichtskreis treten.«

»Ist das wahr?« fragte Ballmann.

»Wenn ich es Ihnen sage.«

»Sind Sie beauftragt, mir das zu sagen?« fragte Ballmann und richtete sich auf.

»Nein. Ich handle damit *gegen* meinen Auftrag.«

»Sie wagen das?«

»Ja, ich wage das. Wahrscheinlich ist es meine letzte Chance. Selbstverständlich wird höheren Orts bekannt, was ich Ihnen gesagt habe, und dann –«

»Werden Sie bestraft?«

»Ich weiß nicht, ob das der richtige Ausdruck ist. Ich werde nie mehr in Ihr Blickfeld treten dürfen. Weder in dieser noch in einer anderen Gestalt.«

»Hier – bei mir, passiert Ihnen nichts?«

»Natürlich nicht«, sagte Dr. F., »so lang ich in Ihrem Blickfeld bin, bin ich sicher. Es darf ja nichts geschehen, was übernatürlich wirkt.«

»Ich verstehe vollkommen«, sagte Ballmann. »Sie können hierbleiben, so lang Sie wollen –«

Dr. F. lachte: »Sehr freundlich von Ihnen. Aber das wird nicht gehen. Zu so weitreichender Renitenz reicht die Kraft eines Schattens nicht. Man würde Mittel und Wege finden –«

»Verstehe, verstehe«, sagte Ballmann, »dann: dann bin ich ganz allein auf der Welt?«

»Was heißt: Welt. Meinen Sie –«, Dr. F. streckte die Hand aus und deutete auf die blühenden Bäume hinaus und die Häuserreihe gegenüber, »– meinen Sie mit ›Welt‹ diese Kulisse, die für Sie aufgebaut ist? Ja. Auf dieser *Welt* leben Sie allein.«

»Das wird alles für mich aufgebaut? In der Nacht zusammengeklappt –«

»Nein, nein«, Dr. F. lachte, »wo denken Sie hin. Ihre nähere Umgebung, alles, was Sie täglich oder öfter sehen, wird schon in massiver Bauweise errichtet. Schon aus Kostengründen. Gebäude, Städte, Berge, Gebirge allerdings, die Sie nur einmal sehen, werden danach wieder abgetragen, selbstverständlich, wenn Sie vorbeigefahren oder wieder abgereist sind.«

»Und die Kulissen anderweitig verwendet?«

»Selbstverständlich. Ist Ihnen nie aufgefallen, wie ähnlich sich Berge, wie ähnlich sich Städte sind? Der Fundus, aus dem das gebaut wird, ist begrenzt.«

»Das ist mir schon aufgefallen. Klar. Das ist mir zuallererst aufgefallen, noch bevor ich das mit den Komödianten – oder Schatten gemerkt habe. Aber es gibt auch Unverwechselbares – die Alhambra –«

Dr. F. lachte. »Ja – das war auch ein schöner Schreck für die Materialverwaltung, als Ihr Entschluß damals bekannt wurde nach Granada zu fahren –«

»Granada gibt es gar nicht?«

»Wie soll es Granada geben, wo es nichts gibt?«

»Dann wurde die Alhambra für mich gebaut?«

»– und die Gärten des Generalife, und der Sagromonte mit der Kirche obendrauf, und die ganzen Paläste und die Kathedralen, alles, in fliegender Eile – man war nur froh, daß Sie nicht auch nach Córdoba gefahren sind, so haben Sie der Materialverwaltung wenigstens die Mezquita erspart. Achthundertsechsundfünfzig Säulen aus Marmor, Jaspis und Porphyr, und man kann sie nicht aus Pappmaché machen, weil man nicht weiß, wie lang Sie da drin womöglich herumgehen und gegen die eine oder andere Säule klopfen.«

»Und was hätte man getan, wenn ich in Granada – wo ich übrigens von der Alhambra eher enttäuscht war –«

»Wundert Sie das?«

»Jetzt nicht mehr. – Wenn ich in Granada plötzlich und für mich selber ganz unerwartet den Entschluß gefaßt hätte, doch einen kurzen Ausflug nach Córdoba zu machen?«

»Das kann man verhindern.«

»Sie können doch nicht den Zimmerkellner schicken und sagen: Córdoba gibt es nicht!«

»Nein, natürlich nicht. Aber man hätte, zum Beispiel, die Eisenbahner streiken lassen.«

»Das war damals noch unter Franco. Da hat keiner gestreikt.«

»Dann hätte man vielleicht gesagt: Franco ist gestorben. Oder der Schatten, der Ihre Frau spielt, wäre beauftragt worden zu sagen: Ich habe keine Lust, ich mag nicht.«

»Und wenn ich allein gefahren wäre?«

»Jetzt langweilen Sie mich langsam. Dann wäre ein Telegramm gekommen: eines Ihrer Kinder ist krank, oder das Haus ist abgebrannt, oder irgend etwas. Es stehen uns doch alle Möglichkeiten offen.«

»Natürlich, natürlich«, murmelte Ballmann. Er stand auf und trat ans Fenster; es war das erste Mal während des bisherigen Gespräches – registrierte Dr. F. – daß sich Ballmann bewegte, außer Zucken mit den Lidern oder mit den Fingern.

»Es ist mir alles längst klar«, fuhr dann Ballmann

fort, »nur etwas ist mir nicht klar: *warum?* Und warum *ich?*«

»Das sind zwei sehr schwierige Fragen«, sagte Dr. F. und lehnt sich – auch das erste Mal seit dem Beginn der Unterhaltung – in den Sessel zurück, legte die Fingerspitzen der linken an die der rechten Hand und drehte die so entstandene unsichtbare Kugel vor seinen Augen hin und her, »die eine kann ich Ihnen beantworten, die andere nicht. Warum *Sie?* Weil Sie der einzige Mensch sind, der einzige Mensch unter den Schatten. Es gibt außer Ihnen keinen Menschen. Es gibt keine andere Möglichkeit, als *Ihnen* die ganze Geschichte vorzuspielen. Wem sollte man sie sonst vorspielen?«

»Gut«, sagte Ballmann, »das leuchtet mir vollkommen ein. Aber warum – überhaupt?«

»Diese Frage ist kaum zu beantworten. Soll man Sie im Kulissendepot herumirren lassen? Soll man Ihnen die linke Wirkseite des Weltteppichs zeigen? Soll man Sie in der Finsternis herumtappen lassen? Sie würden wahnsinnig.«

»Wahrscheinlich.«

»Eben. Da hat man sich gesagt: nachdem es *ihn* schon einmal gibt, spielen wir ihm die Welt vor.«

»Wer ist: *man?*«

»Sie fragen sehr anspruchsvoll«, sagte Dr. F.

»Sie wollen es mir nicht sagen?«

»*Man* ist, oder sagen wir so: Stellen Sie sich ein Verwaltungsgremium aus qualifizierten, in höhere Stellen beförderte Schatten vor, die in Ressorts aufgeteilt die Organisation leiten. Dieses Gremium ist *man*.«

»Gehören Sie zu diesem Gremium?«

216

»Nein. Wo denken Sie hin. Mitglieder dieses Gremiums bekommen Sie nie zu Gesicht, und wenn, würden sie sich nicht als solche zu erkennen geben.«

»Kennen *Sie* solche Mitglieder?«

»Das eine oder andere, ja.«

»Aber dieses Gremium besteht, sagen Sie, auch wieder nur aus, wenngleich qualifizierten Schatten. Die sind dann doch wieder nur Vollzugsorgane?«

»Über dem Gremium wacht wahrscheinlich ein höheres Kollegium, das, wie gemunkelt wird, aus drei Schatten besteht, von denen ich, um Ihrer möglichen Frage zuvorzukommen, keinen kenne, die selbst nur ausgewählten Mitgliedern des Gremiums bekannt sind.«

»Und dieses Kollegium ist die letzte Instanz?«

»Ich habe einmal, im Vertrauen gesagt, mit einem mir bekannten Mitglied des Verwaltungsgremiums gesprochen, das mir, wahrscheinlich in einer schwachen Stunde, gesagt hat, ihm habe wiederum in einer schwachen Stunde ein anderes – mir nicht bekanntes – Mitglied des Gremiums, eins, das Zugang oder besser gesagt Umgang mit einem der drei Mitglieder des Kollegiums hat, daß dieses Kollegiumsmitglied in einer weiteren schwachen Stunde angedeutet habe, daß eine dem Kollegium übergeordnete Instanz existiere. Wie die allerdings beschaffen sei, wisse es nicht.«

»Aber es sind alles nur Schatten?«

»Wahrscheinlich.«

»Und wo ist Gott?«

»Wer??«

»Gott –?« sagte Ballmann.

»Ach – Gott –«, sagte Dr. F. nachdenklich.

»Wenn mein Vater ein Schatten ist, der mir was vorspielt, und meine Mutter ein Schatten war – oder noch ist, und mir sogar ihren Tod vorgespielt hat –, dann bin ich ja nicht gezeugt und geboren worden? Da bin ich doch –«

»– *entstanden*«, sagte Dr. F.

Ballmann drehte sich um. Ein unmäßiger Gestank ging von ihm aus, der sich trotz des geöffneten Fensters bis zu Dr. F. her wälzte.

»Gestatten Sie –«, hüstelte Dr. F., »stört es Sie, wenn ich mir eine Zigarre anzünde?«

Ballmann machte nur eine bejahende Handbewegung und starrte Dr. F. weiter an. Dr. F. blies den Rauch in die Luft.

»Entstanden«, sagte Ballmann trocken.

»Mhm.« Dr. F. nickte.

»Dann gibt es Gott«, sagte Ballmann und kraulte seinen struppigen Vollbart.

»Das verstehe ich nicht«, sagte Dr. F., »wie soll das zusammenhängen?«

»Klar –«, sagte Ballmann. »Dann gibt es Gott, weil *ich* Gott bin.«

Dr. F. zog schnell ein paarmal an seiner Zigarre. Er faßte sich dann rasch: »Es ist mir unangenehm, daß Sie da draufgekommen sind – wünschen Sie ... daß ich ... anbete?«

»Danke«, sagte Ballmann, »sparen Sie sich das.«

»Dann muß ich Ihnen aber doch gestehen«, sagte Dr. F., »daß ich einen Auftrag habe.«

»Das habe ich mir die ganze Zeit schon gedacht«, sagte Ballmann.

»Ja«, sagte Dr. F., »ich soll Sie bitten, weiter mitzumachen.«

»Weiter mitzumachen?«

»Ja, doch – sehen Sie: dieser ganze Aufwand, die ganzen Mühen, was alles aufgebaut und hergerichtet worden ist, die Kosten, die Leistungen der Schauspieler – achten Sie uns für so gering, daß Sie uns keines Blickes mehr würdigen? Wollen Sie uns unglücklich machen? Ich sage nicht: wollen Sie uns brotlos machen, denn diese Kategorie gibt es bei Schatten nicht, aber ich sage: wenn Sie uns keines Blickes mehr würdigen, so bringen Sie uns um unsere Existenz, die wir zwar nicht leben, aber wenigstens *darstellen* dürfen. Haben Sie nie *daran* gedacht?«

»Ich muß zugeben«, sagte Ballmann leise, »daß ich daran noch nicht gedacht habe. Ich soll weiter mitmachen – das gäbe doch gar keinen Sinn. Da soll ich denen etwas vorspielen, die nichts anderes tun, als mir etwas vorzuspielen? Das hat doch keinen Sinn.«

»Für uns schon«, sagte Dr. F. flehentlich.

»Gut und schön – aber – es gäbe keinen Sinn. Ich danke Ihnen, lieber ... lieber Herr, ich verstehe Ihren Kummer, aber es hätte keinen Sinn. Wissen Sie was? Schicken Sie mir den Burschi her.«

»Wen?«

»Den Burschi. Kurt Zwergfleisch heißt er – also ich meine: Kurt Zwergfleisch war der Name, den er als seinen Namen nennen sollte. Es wird ja nicht schwer für Sie sein, mir diesen Burschi herzuschicken. Ich habe Sehnsucht nach Burschi. Schicken Sie ihn mir. Lassen Sie dem Gremium oder dem Kollegium ausrichten –«, Ballmann hob seine Stimme, »daß man mir den Burschi herschicken soll, wenn man mein Wohlwollen nicht verlieren will. Jetzt sind Sie entlassen.« Ballmann schloß das Fenster, setzte sich wieder auf seinen Stuhl und verschränkte die Arme, nachdem er das Radio wieder angedreht hatte, in dem Arthur Rubinstein beim letzten Nocturno angekommen war.

Dr. F. drückte den Rest seiner Zigarre in den Aschenbecher, verbeugte sich mit angehaltenem Atem und ging.

XV

Wenn man von Ballmanns Haus an den anderen Reihenhäusern vorbeigeht und nach vorn zur Fahrstraße, dann die Fahrstraße nicht in Richtung auf das Ortszentrum zu – das gar kein richtiges Ortszentrum mehr ist, seit der Ort praktisch mit der großen Stadt zusammengewachsen ist –, sondern nach hinten, wo an einem Abhang, den vor Jahrmillionen die Ausläufer der Gletscher geschliffen haben, die von den Gebirgen bis hierher reichten, dann kommt man an ein Haus, das inmitten übermannshoher Schafgarbe steht, dessen verfallenen Zaun das Unkraut überwuchert und das dem Bürgermeister ein Dorn im Auge ist. Aber er kann nichts machen.

Dort wohnt der Salvedon.

Es heißt, der Salvedon sei Pole, man hört auch, er sei ein Rumäne oder ein Ungar, wieder andere halten ihn für einen Zigeuner. Schon lange, ehe die Reihenhäuser oder gar die großen Hochhäuser hier standen, längst, bevor die Kreuzung vorn ausgebaut wurde und weit hinten die Autobahn, wohnte der Salvedon schon hier in dem Haus, und die alteingesessenen Bürger, die schon seit Jahren gegenüber den Neuzugezogenen in der Minderzahl und deswegen stolz und hochfahrend sind, sagen: irgendwann in den letzten Monaten des Krieges oder in den ersten Monaten danach ist der Salvedon in dieses Haus eingezogen, und sowohl der Salvedon wie auch das Haus haben damals schon so verwittert und verkommen ausgeschaut wie heute. Wer den Salvedon in das verfallene Haus – es war das unbenutzte Austragshaus des oben auf der Anhöhe liegenden Gutsteiner-Hofes – eingewiesen hat, oder ob er überhaupt nach einer Genehmigung gefragt hat, damals in den wirren Zeiten, hätte niemand zu sagen gewußt. Seine Miete zahlt er, der Salvedon, pünktlich. Für die Eigentümer des Gutsteiner-Hofes ist er ein bequemer Mieter, weil er keine Renovierungen verlangt, nach keiner Zentralheizung schreit, die fehlt, und wenn es hereinregnet, so steigt der Salvedon, obwohl er nur ein Bein hat, selber aufs Dach und nagelt ein paar Quadratmeter Dachpappe drauf, die er irgendwo ›gefunden‹ hat. Außerdem ist das mit den Eigentümern des Gutsteiner-Hofes so: nach dem Tod des alten Gutsteiners – noch vor dem Krieg – beerbten ihn seine Witwe, die für das bösartigste Weib im ganzen Landkreis galt, und seine drei Kinder: zwei Töchter und ein Sohn. Die vier Erben zerstritten sich so schnell, daß sie schon nicht mehr gemeinsam auf die Beerdigung gingen. Die alte Gutsteinerin enterbte ihre Kinder zugunsten des Tierschutzvereins. Die Kinder fochten das Testament an. Noch bevor der Prozeß – das war schon in der Zeit nach der Währungsreform – entschieden war, starb der junge Gutsteiner (der aber gar nicht mehr jung war, nur noch so hieß) und hinterließ eine geschiedene Frau mit zwei Kindern und eine zweite Frau mit einem Stiefsohn. Ganze Serien von Prozessen setzten ein, schon weil sich auch die Nachkommenschaft der Töchter des alten Gutsteiners untereinander zerstritt; und als die neue Eigenheimsiedlung gebaut und die Gegend, wie es so heißt, erschlossen wurde, gingen die Gutsteiner-Erbschaftsprozesse gerade in die dritte Generation. Eine kompaniestarke Gruppe von Anwälten bezog einen nicht unbeträchtlichen Teil ihres Ein- und Auskommens aus diesen Prozessen. Auch Rechtsanwalt Awuscheit gehörte dazu. Er vertrat die Frau des oben genannten Stiefsohnes, die gegen ihren Mann und gegen die Schwiegermutter prozessierte. »Kein Mensch«, sagte einmal Rechtsanwalt Awuscheit zu Frau Ballmann, »kann diese Erbengemeinschaft jemals noch auseinanderklauben. Da wird erst Ruhe, wenn die Sippe ausstirbt. Aber vorerst sieht es nicht danach aus.« Einzelne Linien der Gutsteiner-Sippe gingen um diese Zeit bereits daran, jeweils einen von ihren Sprößlingen Jura studieren zu lassen.

Einige Jahre lang hatte es so ausgesehen, als erstickten die Prozesse an Geldmangel. Sämtliche Gutsteiner hatten damals schon mehr Schulden als Haare auf dem Kopf. Aber da kam diese Erschließung, und die Gutsteiner – der einzige Fall, daß sie gemeinsam handelten – verkauften den Baugesellschaften einige saure Wiesen für viele Millionen. Vierzehn Gutsteiner oder angeheiratete Gutsteiner sowie der Tierschutzverein gehörten damals zur Erbengemeinschaft. Die Verkaufsurkunde mußten alle unterschreiben oder, sagte der Notar, einer müßte Vollmacht von allen bekommen. Selbstverständlich gab keiner dem anderen eine Vollmacht. So mußten sie zum Notar. Der Tierschutzverein war problemlos. Aber die Gutsteiner verlangten vom Notar gestaffelte Termine für die Unterschriftsleistung, damit sie sich ja nicht im

Stiegenhaus oder im Wartezimmer begegneten. Danach, als sie die Millionen hatten, waren die Prozeßkosten für ein weiteres Vierteljahrhundert gesichert.

Der Salvedon war – ohne daß er sich darüber ganz klar war – einer der Nutznießer dieser Situation, denn um ihm zu kündigen, hätte es eines gemeinsamen Handelns der Gutsteiner bedurft, und das herbeizuführen, war nur den Millionen gelungen, die gewunken hatten, nicht das verfallende Haus, in dem der Salvedon nun schon seit fast vierzig Jahren wohnte. Dem Bürgermeister war das ungepflegte, von Sperrmüll und altem Zeug, das der Salvedon ›fand‹, überwucherte, von Unkraut zugewachsene Haus, wie gesagt, ein Dorn im Auge. Es sei ein Schandfleck für die Gemeinde, äußerte er oft, aber es gab keine rechtliche Handhabe gegen ihn. So blieb der Salvedon, von dem nie jemand einen Vornamen erfahren hat, ›sammelte‹ weiter alte Fahrräder, durchgerostete Kühlschränke, durchforstete Schrottplätze und Mülldeponien, ›fand‹ ab und zu Türstockhölzer, Drahtrollen oder Eisenklammern auf sonntäglichen Baustellen, stapelte abgefahrene Autoreifen bis unters Dach und handelte mit Torf. Das war – soweit man den unklaren und vielleicht sogar mystischen Lebenswandel des einbeinigen ›Polen‹ Salvedon überblicken konnte – sein Lebensunterhalt: der Handel mit Torf. Salvedon hatte einen uralten dreirädrigen Lastwagen, mehr einen motorisierten Karren, mit dem er von Haus zu Haus fuhr, und, wo die Leute Gärten hatten, in Säcke abgefüllten Torf anbot. Wohlweislich vermied Salvedon sein Torfgeschäft in der Gemeinde zu betreiben, in der er wohnte. Der Torf, den er anbot, war nicht so schön viereckig in buntes Plastik verschweißt, wie man sie im Großmarkt kaufen konnte oder beim autorisierten *Plantahum*-Vertragshändler. Salvedons Torfsäcke waren ohne jede Aufschrift und aus Rupfen, allerdings auch billiger. Es ist zu vermuten, daß Salvedon sowohl den Torf als auch die Säcke ›fand‹, weshalb er gut daran tat, mit seinem Handel die eigene Gemeinde zu meiden. Er mied auch die Nachbargemeinden. Erst in den übernächsten Orten fing er an.

Unklar wie die Lebens- waren auch die Familienverhältnisse Salvedons. Niemand hätte sagen können – es kümmerte sich auch kaum jemand darum –, wieviel Leute in Salvedons Haus wohnten. Wenn einer sich die Mühe gemacht hätte, zu beobachten, hätte er festgestellt, daß eine Anzahl von in unregelmäßigen Abständen wechselnden Leuten bei Salvedon wohnte oder zumindest ein und aus ging, pittoreske und zum Teil aber schon eher verdächtige Gestalten. Seit ein paar Jahren war ein ganz Kleiner mit einer schrillen Stimme dabei, der immer einen Pfadfinderhut trug.

Ob es eine Frau Salvedon gab oder je gegeben hatte oder, wenn man so sagen kann, eine Frau des Hauses, auch wenn sie legal nicht Frau Salvedon war, war natürlich ebensowenig bekannt. Ballmann, der eine Zeitlang die Angewohnheit gehabt hatte – es war schon ein paar Jahre her –, abends für eine halbe Stunde spazierenzugehen, war in der Zeit öfter an Salvedons Haus vorbeigekommen. Salvedon hatte keine Vorhänge. Es war Winter und schon dunkel. Eins von den Fenstern in Salvedons Haus war matt

erleuchtet. Ballmann blieb stehen. Zu hören war
nichts, aber im Licht einer bloßen Glühbirne, die unter einem flachen Emailleschirm hing, tanzte Salvedon
mit ernstem Gesicht, langsam – er hatte ja nur ein
Bein – mit einer ebenfalls ernstblickenden alten Frau.
Auf dem Tisch standen Sektflaschen, und hinter dem
Tisch saß ein graubärtiger alter Mann, der einen winzigen Clownshut auf dem Kopf hatte und – unhörbar
für Ballmann – rhythmisch in die Hände klatschte.
Da erinnerte sich Ballmann daran, daß Faschings-
samstag war. Die Alte, mit der Salvedon tanzte, hatte
grellblond gefärbte, strähnige Haare und sichtlich keine Zähne mehr. Sie wollen sich auch noch, dachte
Ballmann damals, ein Stück vom Kuchen des Glücks
abschneiden, bevor es zu spät ist.

Burschi, recte Zwergfleisch, Kurt, ohne Beruf und
ohne festen Wohnsitz, Kelte aus Überzeugung, kam
eher selten zu Salvedon. Wo er Salvedon kennengelernt hatte, hätte er selber nicht mehr sagen können.
Salvedon schätzte Burschis Geschick, Sammelobjekte
zu ›finden‹, auch fuhr Burschi gelegentlich im dreirädrigen Karren mit und half, den verkauften Torf
in die Häuser zu tragen. Aber regelmäßig kam es
nach acht, längstens nach vierzehn Tagen zum Streit,
erstens, weil Salvedon keinerlei Interesse für Burschis
keltische Abkunft zeigte und zweitens, weil Burschi
immer heißes Bier trank. In seinem Rucksack, den er
ständig bei sich hatte, verwahrte Burschi einen Asbest-
handschuh. Das Bierglas stellte Burschi auf den Herd
oder einen heißen Ofen, nahm es dann mit dem As-
besthandschuh auf und trank daraus. Salvedon äußerte immer, daß ihn diese – wie er sagte: kreuzblöde –

Angewohnheit ganz krank mache, daß es ihm den Magen umdrehe, wenn er Burschi das heiße Bier trinken sehe. »Schau weg«, sagte Burschi, »du brauchst es ja nicht trinken.« Zunächst reagierte Salvedon immer nur mit Kopfschütteln, aber dann nach einigen Tagen staute sich eine innere Wut auf, die meist zum Ausbruch kam, wenn wieder einmal ein Bierglas oder eine Bierflasche auf dem Kanonenofen platzte und sich die Sauce über den Boden ergoß. Salvedon schrie dann, hie und da verprügelte er den Burschi, jedenfalls waren damit Burschis Tage in Salvedons Haus zu Ende. Burschi schnürte seinen Rucksack (den Pfadfinderhut brauchte er nicht aufzusetzen, weil er ihn nie vom Kopf nahm) und zog davon. Nach einem Vierteljahr oder vielleicht nach vier Monaten, welche innere Uhr Burschi das befahl, war unklar, tauchte er dann wieder bei Salvedon auf, wurde ins Haus gelassen, als wäre nichts gewesen, und stellte sein Bier auf den Kanonenofen.

Am Dienstag nach Pfingsten war es, nachdem Burschi eine Woche und vier Tage bei Salvedon gewohnt und ausgeholfen hatte, wieder soweit: eine Bierflasche platzte, Salvedon schlug Burschi mit einer Schaufel auf den Kopf, Burschi lief aus dem Haus, zerteilte die ihm weit über den Kopf ragenden Schafgarbe, die zwischen dem gesammelten Sperrmüll wuchs, duckte sich, um nicht von einem nahezu antiken Bügeleisen getroffen zu werden, das ihm Salvedon nachwarf, schlüpfte durch eine Lücke des windbrüchigen Zaunes und lief über das Feld davon.

Außer Atem blieb er dort, wo ein Feldweg in die Fahrstraße mündete, stehen, verzog sein furchiges Ge-

sicht und blickte zurück zu Salvedons Haus und stieß
einen keltischen Fluch aus. Aber was bewirkt schon
der Fluch eines so kleinen Menschen, der heißes Bier
trinkt und sich für den letzten Kelten hält, und den
der progressive Sozialfürsorger Dornberger schon vor
Jahren eine überflüssige Kreatur genannt hatte?
Es war etwa zehn Uhr, die Sonne brannte schon. Burschis schlürfende Schritte wirbelten auf dem unbefe-
stigten Rand der Fahrstraße fahle Staubwolken auf.
Burschi schimpfte immer noch leise vor sich hin, blieb
unter dem einzigen Baum, der sich dort am Kreu-
zungspunkt der Felder erhob, im Schatten stehen und
hob, wie ein echter Scout, die Hand an den Rand
seines Pfadfinderhutes. Burschi blinzelte in die Ferne
– nein, das wäre übertrieben, er blinzelte über ein
Maisfeld, dessen Früchte noch nicht hoch standen, so
früh im Jahr, so daß sogar Burschi drüberwegblicken
konnte. Jenseits des Maisfeldes erhob sich die Silhou-
ette einer Reihenhaussiedlung. Dorthin wandte sich
Burschi und begann, an der ersten Haustür zu
betteln.
Wer bettelt, braucht eigentlich nur die Hand auszu-
strecken und mitleidheischend zu schauen oder braucht
nur den Hut hinzuhalten. Nicht so Burschi. Das sei,
sagte er einmal zu einem, der mit ihm betteln ging
(aber nicht lange), das sei sein keltischer Stolz. Burschi erzählte vor jeder Tür seine Lebensgeschichte oder
vielmehr: die traurige Weltgeschichte der Kelten. Das
kostete viel Zeit, sofern nicht die angebettelten Haus-
bewohner die Tür nach den ersten Sätzen zuschlugen.
Erschwerend kam hinzu, daß Burschi nur noch wenig
Zähne hatte und schwer verständlich redete, und daß

merkwürdigerweise – je älter er wurde, desto mehr – der keltische Dialekt seiner obervinschgauer Heimat in seiner Redeweise durchschlug, den hierzulande niemand versteht.

Es wog sich auf: einerseits brauchte Burschi lange für seine einzelne Bettelei, wenn jemand Geduld aufbrachte oder zu höflich war, um selbst so einen, wie Burschi, schnell davonzujagen; anderseits gab es kaum welche, die so lange zuhörten, wie Burschis Bettelrede dauerte. So war Burschi um halb elf Uhr schon an der achtzehnten Tür der zweiten Häuserreihe und läutete dort, wo ›Dr. Ballmann‹ stand.

Frau Ballmann war, wie jeden Werktag, in Awuscheits Kanzlei. Die Kinder hatten zwar Ferien, waren aber außer Haus: Thomas machte mit drei Freunden eine Radtour durch das Fränkische; Alexandra war in die Stadt gefahren und auf der Suche nach einer altvorderen Rüschenunterhose, die sie – weil in ihrer Klasse die Mode aufgekommen war – nicht unter, sondern über den Kleidern zu tragen beabsichtigte; Christian streunte in einem Holz jenseits des Baches herum und baute mit Nachbarskindern ein Baumhaus. Ballmann war allein. Er saß auf seinem Stuhl mit dem Rücken zur Wand und hörte Radio (Erste Symphonie von Schostakowitsch). Als es läutete, ging Ballmann hinunter, das erste Mal seit dem 19. März, und machte auf.

»Endlich«, sagte er, als er Burschi dastehen sah.

XVI

Eines mußte man Frau Ballmann lassen: eine gute
Nase hatte sie. Es mag sein, daß sie zu dick geworden
war im Lauf der Jahre und eine fette, unbewegliche
Seele bekommen hatte, es mag sein, daß Ballmanns
nie ausgesprochene Vorwürfe über die erotische Phan-
tasielosigkeit oder besser gesagt: über das erotische
Desinteresse seiner Frau berechtigt waren, es mag
sein, daß das alles stimmte, was die Kinder an der
Mutter auszusetzen hatten: die schrille Stimme, der
Jammerton, der noch stundenlang, ja tagelang nach-
hielt, auch wenn das eigentlich erzieherische Donner-
wetter schon vorbei war, eines mußte Frau Ballmann
jeder lassen: ihre gute Nase, und zwar in direktem,
körperlichem Sinn. Sie roch, wie alt Milch war, auch
ohne auf das – meist wahrscheinlich ohnedies ge-
logene – Datum auf der Tüte zu schauen. Sie roch
bei geschlossenem Kühlschrank, wenn die Butter drin
ranzig war. Sie roch das faule Ei bei ungeöffneter
Schale.
Sie roch, als sie kurz nach eins die Haustür aufsperrte,
daß jetzt *zwei* Ungewaschene da waren, noch bevor
Christian – der, brav, wie er war, folgsam um halb
eins aus seinem Baumhaus hereingekommen war; er
hatte immer einen Hausschlüssel umhängen – noch
bevor Christian sagte: »Da ist so ein komischer Hei-
liger gekommen. Er sitzt oben bei Pappi.« Babette
Ballmann, auch in ihrer Denkweise etwas schrill, hatte

nicht genug mit dem akuten Ärger, sondern stürzte sich sofort in noch düsterere Zukunftsaussichten: »Das fehlt mir noch«, sagte sie, »wenn er anfängt, andere Ungewaschene magisch anzuziehen –«

»Du brauchst doch deswegen mit mir nicht zu schreien«, sagte Christian.

»– wo sollen die alle hin? Soll ich die vielleicht auch verköstigen? Wie lang wollen die alle dableiben? Wollen die womöglich hier übernachten?«

Babette Ballmann lief, so schnell sich ihr schwerer Körper tragen ließ, die zwei Stiegen hinauf. Der Geruch beulte, kam ihr vor, die Tür zum ›Studio‹ nach außen. Sie hielt den Atem an und rannte hinein.

Ballmann stand auf und sagte: »Liebe Babette – darf ich dir meinen Freund Zwergfleisch vorstellen –«

Frau Ballmann war wie erschlagen von dieser Anrede. Auch ohne daß sie ihn weiter anhielt, verschlug es ihr den Atem. Burschi saß auf dem Sofa, auf dem vor wenigen Tagen auch Staatsanwalt Dr. F. gesessen war. Burschi blinzelte. Es war lange her, daß er so förmlich jemandem vorgestellt worden war. Er stand auf, wischte die linke Hand an seiner Hose ab, lächelte, malmte gleichzeitig mit den wenigen Zähnen, die er noch hatte, wollte die abgewischte Hand hinstrecken, da fiel ihm ein, daß es die linke war, nahm mit der rechten Hand den Pfadfinderhut ab, wischte gleichzeitig die rechte Hand an der Hose ab, weswegen der Pfadfinderhut zu Boden fiel; Burschi hob den Hut auf, wollte die Hand hinstrecken, merkte, daß er den Hut in der Hand hatte, setzte den Hut wieder auf, streckte nun die Hand in Frau Ballmanns Richtung, machte eine Bewegung mit den Füßen, die als

Zusammenschlagen der Hacken gedeutet werden konnte und sagte: »Verbindlichen Dank.«

Frau Ballmann begann wieder zu atmen, reichte Burschi Zeige- und Mittelfinger und machte dann schnell das Fenster auf.

Burschi setzte sich, nahm schnell den Hut ab, setzte ihn rasch wieder auf, warf hinter Frau Ballmanns Rücken einen fragenden Blick auf Ballmann: nach dem langen Leben außerhalb jeder Etikette war es ihm nicht mehr geläufig, wie es mit einem Pfadfinderhut gehalten werden mußte, wenn man der Dame des Hauses vorgestellt wird: abnehmen oder aufbehalten. Ballmann achtete nicht auf Burschis Blick. »Herr Zwergfleisch wird«, sagte er, »für ein paar Tage hierbleiben.«

»So –«, sagte Frau Ballmann tonlos. Sie kämpfte immer noch gegen ein Schwindelgefühl, von dem sie nicht wußte, ob es auf den Geruch oder auf die Freude über die Anrede ›Liebe Babette‹ zurückzuführen war. »Ja«, sagte sie, »ja – ja – aber meinst du nicht, er sollte vielleicht baden?«

»Ich?« sagte Burschi.

»Hörst du«, sagte Ballmann, »du sollst baden.«

Burschi stand wieder auf, nahm den Hut ab und sagte: »Verbindlichen Dank.«

»Oder besser duschen«, sagte Frau Ballmann. Unten im Keller neben dem ›Hobbyraum‹ – der dafür vorgesehen war, auch als Gästezimmer benutzt zu werden – war noch eine kleine Dusche. Frau Ballmann fiel ein, daß die Dusche kleiner und leichter sauberzumachen war als die Badewanne.

»Ich zeige dir die Dusche«, sagte Ballmann.

»Sehr erfreut«, sagte Burschi und verbeugte sich.
»Ich hänge Ihnen ein Handtuch hin«, sagte Frau Ballmann und überlegte, wo das älteste Handtuch war, das danach weggeworfen werden konnte. Dann ging sie hinunter.

Einer wie Burschi ist wie ein Reh. Wenn ihm irgend etwas verdächtig vorkommt oder nicht nur das: wenn irgendwo irgend etwas knackst oder knistert, und er weiß nicht sofort, woher das kommt, dann spitzt er schon die Ohren, wendet den Kopf hin und her und ist auf dem Sprung, blitzschnell zu verschwinden. Einer, der wie Burschi lebt, muß so werden; anders überlebt er nicht. Seine Waffe ist die Geschwindigkeit, aber nicht die körperliche Geschwindigkeit – obwohl auch da Burschi unheimliche Fähigkeiten entwickelte, wenn es drauf ankam –, sondern die Geschwindigkeit, in jeder Situation, sobald irgend etwas Fremdartiges, nicht Ortbares erscheint, einen Fluchtweg auszumachen und gegebenenfalls zu verschwinden, als sei man nie dagewesen – ohne Spuren zu hinterlassen.
Als Ballmann öffnete, setzte in Burschis Überlebensmechanismus unverzüglich die Sprungbereitschaft ein, denn daß bei einem so braven Reihenhaus einer von seines- – Burschis – gleichen die Tür aufmachte und noch dazu in einem zwar freundlichen oder sogar freundschaftlichen, aber deutlich vorwurfsvollen Ton »Endlich!« sagte, war höchst fremdartig, unerklärlich, und als Ballmann noch dazu die Hand ausstreckte, wäre Burschi schon – bildlich gesprochen – seitlich in das Unterholz gebrochen, wenn nicht im letzten Augenblick eine ferne Erinnerung an das Gesicht des

Mannes aufgetaucht wäre, der da vor oder besser gesagt, drei Stufen über ihm stand.

»Burschi –!« sagte Ballmann, »– Zwergfleisch! – Kurt!«

Burschi wendete wie ein Vogel den Kopf langsam hin und her. Die Fluchtreaktion trat etwas zurück.

»Ja. So«, sagte Burschi.

»Komm herein. Daß du endlich da bist –«

Jetzt dämmerte Burschi der Zusammenhang: dieses Gesicht und das Wochenende in der Zelle im Gefängnis, damals vor Ostern.

»Richter?« sagte Burschi vorsichtig.

»Freilich, wer denn sonst, du alter Komödiant.« Ballmann lachte. »Knast – Huhn mit Reis!«

Burschi schaute auf das Klingelschild. Dort stand ›Dr. Ballmann‹. Jetzt fiel ihm ein, daß einer, als sie Richter damals geholt hatten, »Herr Direktor« zu dem Zellengenossen gesagt hatte.

»Wohnen Sie da?«

»Natürlich, das weißt du doch«, sagte Ballmann.

Burschi schwankte – im körperlichen Sinn – ein wenig hin und her. Der übermäßige Fluchtinstinkt angesichts der fremdartigen Situation mußte gewaltsam unterdrückt werden. Dann raffte sich Burschi auf und trat ein.

»Sie sind ein Direktor?« fragte Burschi.

»Du brauchst mir keine Komödie vorzuspielen. Komm hinauf zu mir. Erzähl mir etwas von deinen keltischen Vorfahren. Wo warst du denn die ganze Zeit?«

»Das ahnt ja natürlich keiner«, sagte Burschi, als er hinter Ballmann die zwei Stiegen ins ›Studio‹ hinauf-

234

stieg, »daß Sie ein Direktor sind. Dürfen Sie hier wohnen? Allein?«

»Wieso dürfen? Das Haus gehört mir. Was heißt: das Haus gehört mir. Das Haus ist gebaut worden, und man hat gesagt, es gehöre mir. Man hat mir Geld dafür abgeknöpft. Nein, man hat das auch nur gesagt. Geld, das ich nie gesehen habe. Zahlen auf Kontoauszügen. Das ist Geld, das es gar nicht gibt. Geld gibt es überhaupt nicht. Es gibt bedrucktes Papier und geprägte Metallstücke, die die Materialverwaltung herstellt, und von dem mir die Komödianten vorgaukeln, es sei Geld. Warum gaukelt man mir nicht vor, daß ich Millionär sei? Das habe ich Oberstaatsanwalt Dr. F. zu fragen vergessen, das heißt: den Komödianten zu fragen vergessen, den sie mir in Gestalt des Dr. F. geschickt haben. Hätte es mehr gekostet, wenn sie mir vorgespielt hätten, ich sei, zum Beispiel, der Onassis? Oder Niarchos? Oder ein Rothschild? Vielleicht hätte es mehr gekostet: die Weltreisen, das ständige Herumfliegen im Jet, die ganzen Luxushotels; sie hätten die Bahamas aufbauen müssen, die Spielbank in Monte Carlo, Tahiti und weiß ich was. Das wäre natürlich schon viel mehr Aufwand gewesen. Obwohl – wirklich so viel mehr Aufwand? Oder ich hätte der byzantinische Kaiser sein können, nicht der unglückliche letzte Konstantin, sondern vielleicht – (Ballmann hatte sich vor Jahren eine Zeitlang damit die Zeit vertrieben, historische Werke zu lesen) – vielleicht Johannes XV. Paläologos, der – mit Unterbrechungen zwar – fünfzig Jahre regiert hat und vor allem einer war, der eines natürlichen Todes und im Besitz der Kaiserwürde gestorben ist. Damit wäre mir mehr gedient als mit der Existenz als Landgerichtsdirektor –

»Und sonst?« fragte Burschi, »sonst wohnt niemand hier? Sie ganz allein?«

»Doch«, sagte Ballmann, »eine Komödiantin, die sich für Frau Ballmann ausgibt, und drei heranwachsende Komödianten.«

Burschi verstand die Antwort nicht ganz, fragte aber nicht weiter.

»So«, sagte dann Burschi, als er sein Bier getrunken hatte. (Ballmann und Burschi waren nochmals hinuntergegangen, hatten tatsächlich im Keller eine Kiste Bier gefunden, eine Flasche im Wasserbad heißgemacht, die dann Burschi mit Hilfe seines Asbesthandschuhs mit heraufgenommen hat.) »So«, sagte dann Burschi, »das wie sich der Vetter Seraphim die Zunge abgebissen hat, das habe ich Ihnen schon erzählt?«

»Ja«, sagte Ballmann.

»Ich erzähle nämlich die Sachen öfter«, sagte Burschi, »obwohl niemand so gut zuhört wie Sie –, ich erzähl' sie öfter, und da bring' ich durcheinander, manchmal, wem ich was schon erzählt habe. Habe ich das vom Großvater Stina-Michel und wie er vom Kirchturm gefallen ist, erzählt?«

»Auch«, sagte Ballmann.

»Das vom Vetter Benedikt und der Quadratur des Kreises?«

»Nein!«, rief Ballmann.

»Also gut«, sagte Burschi. »Der Vetter Benedikt. Ich habe ihn selber noch gekannt, kann mich ganz gut an ihn erinnern. Er war groß und dick, und wenn er zu meiner Mutter gekommen ist, und sie hat aufgetischt

und gesagt: Benedikt, nimm Kraut und nimm Erdäpfel! hat er immer nur noch ein Stück Geselchtes aus
dem Kraut herausgefischt und gesagt: Ja, ja – Fleisch
ist auch gut. Der Vetter Benedikt war ein Weltmann
– für keltische Verhältnisse, versteht sich – ein Weltmann, und ist so elend zugrunde gegangen.«
Burschi hatte die Stimme gesenkt, blickte düster vor
sich hin. »Es scheint das Schicksal aller Kelten zu sein
und nicht nur der einzelnen Kelten: der keltischen
Völker überhaupt – daß sie elend zugrund gehen.«
Burschi seufzte tief und ließ seine lange, bläuliche
Zunge um die Lippen schnellen. »Ja«, fuhr er dann
fort, »der Vetter Benedikt. Er war der älteste Bruder
meiner Mutter, der älteste Sohn des alten Stina-Michel und Zimmermann wie sein Vater, aber er hatte
den Drang zum Höheren. Ein Zimmermann hat ein,
wenn ich so sagen darf, natürliches Interesse an der
Quadratur des Kreises, weil ja –«, Burschi unter-
malte diese mathematischen Ausführungen mit an-
schaulichen Handbewegungen »– aus *runden* Baum-
stämmen *viereckige* Balken gemacht werden müssen.
Vetter Benedikt war, wenn man den Fachleuten glauben darf, die ihn gekannt haben, ein außergewöhn-
lich begabter Zimmermann. Ich weiß nicht, ob ich erwähnt habe, daß mein Großvater, der Stina-Michel,
in der Lage war, eine Wendeltreppe ohne Plan, mit
freiem Auge zu bauen, was sehr schwer ist, habe ich
mir sagen lassen. Der Vetter Benedikt hat noch ganz
andere Sachen gemacht. Zum Beispiel – das war schon
zu der Zeit, wo er sich eigentlich viel lieber mit der
Quadratur des Kreises beschäftigt hat und am aller-
liebsten im Gasthaus gesessen ist –, zum Beispiel hatte

er den Auftrag, für den Deutschen Alpenverein eine Schutzhütte zu bauen, in den Dolomiten. Er hat den Auftrag zwar angenommen, aber die Arbeit wegen seiner Beschäftigung mit der Quadratur des Kreises immer wieder hinausgeschoben – wie wir Kelten ja leider dazu neigen, gewisse Dinge, namentlich, wenn sie mit Mühe verbunden sind, ein wenig auf die lange Bank zu schieben. Ja, so ist das leider gegangen. Und eines Tages sind die Auftraggeber, die ziemlich ungehalten waren, zum Vetter Benedikt gekommen, und seine Frau, die Base Marie – eine herzensgute Frau, eine echte Keltin – hat sie ins Gasthaus geschickt, wo sich der Vetter Benedikt vom Nachdenken über die Quadratur des Kreises ein wenig bei einem Gläschen Wein erfrischt hat, und da sind die Auftraggeber dann auch hingegangen und haben dem Vetter Benedikt ihre Vorwürfe gemacht, daß immer noch nichts gebaut ist, und nicht einmal geplant, und so fort, und die Anzahlung wäre längst geleistet, und was sich der Vetter Benedikt so denke, und so fort, was eben erbitterte Auftraggeber, denen die keltische Mentalität fremd ist, so von sich geben.

Der Vetter Benedikt hat gar nichts gesagt. Er hat nur die Mundwinkel nach unten gezogen, hat sich zurückgelehnt, hat die beiden keltischen Zimmermannsfäuste weit von sich auf den Tisch gestemmt und hat gewartet, bis die Auftraggeber mit ihrer Jammerei fertig waren. Der Wirt hat zur Vorsicht schon den Weg freigeräumt, weil jeder gemeint hat, der Vetter Benedikt steht jetzt dann langsam auf, greift einen Auftraggeber nach dem anderen beim Kragen und beim Hosenboden, holt aus und wirft sie nacheinander hinaus. Der Vetter Benedikt ist auch langsam aufgestanden. Der Wirt ist schnell zur Tür und hat sie aufgemacht, damit die Türfüllung nicht beschädigt wird, aber der Vetter Benedikt hat nur mit einem Wischer die Gläser und Teller vom Tisch gefegt, daß die Scherben nur so geklirrt haben, dann hat er in seine hintere Hosentasche gegriffen, hat seinen großen, flachen gelben Zimmermannsstift herausgezogen, dann hat er sein Messer aufschnellen lassen, hat – immer noch mit heruntergezogenen Mundwinkeln und die Augen auf den Wortführer der Auftraggeber gerichtet – den Bleistift mit ein paar kräftigen Schnitten gespitzt und hat in zehn Minuten den Plan des Schutzhauses – eins zu zehn – auf den Wirtshaustisch gezeichnet.

Die Tischplatte haben sie dann abgeschraubt und hinauftransportiert und nach dem Plan das Schutzhaus gebaut. ›Kölner Hütte‹ heißt es. Es steht heute noch. In den Dolomiten. Sie können sich davon überzeugen – die Gläser und Teller, die in Scherben gegangen waren, haben die Auftraggeber dem Wirt ersetzt, entweder aus Freude, weil endlich der Plan da war, oder aus Erleichterung, weil sie nicht durch die Tür hinausgeflogen sind. Das war der Vetter Benedikt.«

»Und die Quadratur des Kreises?« fragte Ballmann.

»Die Quadratur des Kreises, ja –«, sagte Burschi. »Ich verstehe nichts davon; soviel ich gehört habe, sollen sie ja nur herausgefunden haben, daß es *nicht* geht –, aber das hat der Vetter Benedikt nicht geglaubt, und irgendeine Zeitung in Amerika – der Vetter Benedikt hat das genau gewußt alles, war auch in Korrespondenz gestanden – hat es auch nicht geglaubt, und hat einen Preis ausgesetzt für den, der das löst. Hunderttausend Dollar. Das war damals noch viel mehr Geld als heute. Ob du es – ob Sie es glauben oder nicht«, sagte Burschi, »vor ein paar Jahren war ich auf einer meiner vielen Reisen in Bozen. Dort habe ich in einer Buchhandlung, in der ich zufällig geschäftlich zu tun gehabt habe, ein kleines Heft auf dem Ladentisch liegen sehen. Nur so aus Beschäftigung für die Finger habe ich in dem Heft geblättert. Es war ein ganz unscheinbares Heft: eine Tabelle für Holzarbeiter. Ich habe es mir dann erklären lassen. Wenn ein Baum gefällt worden ist, oder womöglich schon, bevor man ihn fällt, ist es günstig zu wissen, wieviel Balken oder Bretter oder Festmeter oder was der Baum hergibt. Verstehen Sie? Ja. Das ist nicht einfach auszurechnen, weil der Baum seiner Natur nach quasi rund ist. Logisch. Du kannst mir folgen? Gut. Balken sind aber viereckig. Habe ich schon erwähnt. Ich bin zwar kein Zimmermann, wie meine Ahnen, leider nicht, aber als Waldarbeiter war ich schon mehrfach tätig. Und außerdem ist der Baum naturgemäß oben dünner als unten. Auch logisch. Die Bretter sollen aber überall gleich dick oder breit sein. Leuchtet Ihnen ein? Ja. Also insgesamt ein sehr schwieriges Problem. Da gibt es also diese Tabelle, dieses Heft, da braucht man nur den Baum messen, unten und oben und die Höhe –«

»Wie kann man einen Baum oben messen, wenn er noch steht?«

»Man könnte hinaufsteigen, aber das tut kein Waldarbeiter, weil ein Waldarbeiter kein Eichkatzl ist, nein: da gibt es gewisse Tricks, die stehen auch in dem Heft, aber das würde jetzt zu weit führen. Jedenfalls mißt man also den Baum, dann hat man drei Zahlen, und man schaut dreimal in dem Heft nach – und man weiß, wieviel Festmeter et cetera der Baum abgibt. Und wissen Sie, von wem das Heft war? Von Benedikt Tschenett aus Stilfs, Zimmerermeister. Von Vetter Benedikt! Sechsundvierzigste Auflage –! Das war vielleicht vor zehn Jahren, daß ich das Heft gesehen habe, und der Vetter Benedikt ist 1941 oder 42 gestorben –« Burschi senkte wieder seine Stimme und wiederholte das Wort: »– gestorben, wenn man so sagen kann. Ja. Sechsundvierzigste Auflage. Ich bin sicher, daß die Familie vom Vetter Benedikt nie einen Pfennig von dem Geld gesehen hat, was der Verlag damit verdient. Na ja. Aber das ist doch großartig? So lang nach dem Tod, und immer noch schlagen Waldarbeiter das Heft auf, das er geschrieben hat, mein Onkel, der Vetter Benedikt, wenn sie wissen wollen, wieviel Festmeter der Baum abgibt, den sie schlagen wollen. Ich weiß nicht, ob der Vetter Benedikt dadurch, daß er diese Tabelle verfaßt hat, auf die Quadratur des Kreises gekommen ist, oder ob die Tabelle quasi ein Abfallprodukt seiner Beschäftigung mit dieser Quadratur war. Tagelang, nächtelang, durch Wochen und Monate, ja zuletzt jahrelang ist der Vetter Benedikt über seinen Berechnungen gesessen, hat geschrieben, gezeichnet, berechnet – eine ganze Truhe voll von Papieren, die alle mit der Quadratur des Kreises zu tun gehabt haben, haben sie nach seinem Tod gefunden. Einmal, das war noch vor dem Krieg, ist sogar ein Professor aus Berlin gekommen, ein echter Professor, der hat sich sehr für die Berechnungen vom Vetter Benedikt interessiert. Er ist *extra* von Berlin nach Tirol gefahren und hat mehrere Stunden mit dem Vetter Benedikt gesprochen. Er hat dem Vetter Benedikt fünftausend Goldmark geboten, wenn ihm der Vetter die Berechnungen verkauft. Sei nicht blöd, hat meine Mutter gesagt, und die ganzen Geschwister haben zugestimmt, verkauf's ihm. Fünftausend Goldmark! Du kannst deine ganzen Schulden zahlen. Aber der Vetter Benedikt hat die Papiere nicht verkauft. Was sind, hat der Vetter Benedikt gesagt, fünftausend Goldmark gegen hunderttausend Dollar. Und er sei knapp vor der Lösung des Problems, ganz knapp davor. Und außerdem habe er zur Vorsicht dem Professor die wirklich interessanten Berechnungen gar nicht gezeigt. Kelten sind mißtrauisch. Mit Recht, wie man immer wieder sieht. Wer weiß, hat der Vetter Benedikt gesagt, ob dieser Professor nicht nur einen gefährlichen Konkurrenten ausschalten hat wollen.

Zum Glück war der Vetter Benedikt eine überragende Persönlichkeit. Ein anderer hätte das gar nicht ausgehalten. Diese Schulden! Und die Bauern, bei denen er Schulden hatte, und die Wirte und alle, die haben ihm immer schon mit der Faust gedroht, wenn er vorbeigegangen ist. Aber da hat ihnen der Vetter Benedikt nur von oben herab erklärt, daß sie nicht so blöd sein sollen, und daß er knapp vor der Lösung ist. Es hat kaum einen gegeben, der nicht mit Tränen in den Augen dagestanden ist, wenn der Vetter Benedikt lang genug mit ihm geredet hat. Er wird, hat der Vetter Benedikt immer gesagt, mit einem Viererzug – hie und da hat er auch von einem Sechserzug geredet und mit der Zunge geschnalzt wie mit einer Peitsche – durch das Tal fahren, und diejenigen, die an ihn und die Quadratur des Kreises geglaubt haben, dürfen ab und zu mitfahren, und damit ihm bei der Geschwindigkeit, mit der er mit dem Vierer- oder dem Sechserzug dahinbrausen wird, nicht der Hut vom Kopf fliegt, konstruiert er sich einen Zylinder zum Anschrauben. Auch dieses technische Problem wird er noch lösen, hat er gesagt, wenn er die Quadratur des Kreises gelöst haben wird. An dem gemessen, wäre das eine Kleinigkeit.«

Burschi war bei seiner Schilderung dieser Apotheose seines Onkels selig förmlich in Feuer geraten, dessen Flammen aber jetzt wieder zusammensanken: »Aber soweit ist es nicht gekommen. Die Basl Marie ist gestorben. Meine Mutter hat gesagt: der Vetter Benedikt hat es gar nicht gemerkt, so war er schon Tag und Nacht mit seinen Berechnungen beschäftigt. Seine Kinder haben ihn dann in ein Altersheim getan. Er war ärgerlich über die Unterbrechung seiner Berechnungen, hat aber dann im Altersheim sofort weitergerechnet. Später haben sie ihn dann in das große Narrenhaus in Hall bei Innsbruck gesteckt. Gehirnerweichung, haben sie gesagt, hat er. Auch im Narrenhaus hat er weitergerechnet. 1941 oder 1942 hat ihn meine Mutter dort besucht. Er hat gesagt: jetzt ist er fast soweit; nur noch ein paar Berechnungen, dann hat er's. Aber sonst, hat meine Mutter den Eindruck gehabt, ist es ihm ganz gut gegangen. Gesund war er – wir haben ja eine unverwüstliche körperliche Konstitution, wir Kelten –, gesund war er, und doch ist keine vierzehn Tage danach die Nachricht gekommen: er ist gestorben. *Umgebracht* haben sie ihn, sage ich Ihnen. Und wer weiß, ob nicht dieser Professor aus Berlin dahintergesteckt ist. Wenn ich dem seinen Namen wüßte, würde ich ja nachforschen; aber ich weiß leider den Namen nicht –«

»Und die Truhe mit den Berechnungen?« fragte Ballmann.

Burschi zuckte mit den Schultern. »Verschwunden. Die Zeiten damals ... verschwunden. Man hat sich ja hüten müssen, etwas zu sagen oder zu fragen ...«

Dann war Frau Ballmann gekommen. Burschi mußte – Ballmann assistierte – unter die Dusche. Ballmann mußte sich wegdrehen. »Bei uns Kelten«, sagte Burschi, »ist das Schamgefühl enorm stark entwickelt. Meine Mutter, Gott hab' sie selig, hat drei Kinder von drei verschiedenen Vätern gehabt, und trotzdem hat sie *nie* ein Mann nackt gesehen.« Burschi reichte Ballmann nacheinander seine Kleider und die Wäsche. Die Dusche zischte eine Zeitlang, dann reichte Ballmann – immer noch abgewendet – das Handtuch, dann die Kleider zurück. Erst da fiel Ballmann auf, daß er Burschis Pfadfinderhut nicht zum Halten bekommen hatte. Ballmann schaute auf Burschi hinunter, der jetzt wieder neben ihm stand. Der Pfadfinderhut war triefend naß. Wahrscheinlich, dachte Ballmann, haben Kelten auch eine eigenwillige, zwiespältige Beziehung zum Waschwasser.

XVII

Am Abend versuchte Burschi Ballmann zu bewegen, mit in einen bestimmten Stehausschank am Kesselbergplatz zu gehen, wo es unglaublich gemütlich sei. Ballmann lehnte ab. Dann bleibe er auch da, sagte nach kurzem Überlegen Burschi. Dafür mußte Frau Ballmann nacheinander sieben Flaschen Bier heißmachen.

Gegen Mitternacht legten sich dann Ballmann und Burschi zum Schlaf nieder. Ballmann legte sich, wie immer, auf das Sofa. Zwar hatte er es vorher seinem Gast angeboten, aber Burschi hatte gesagt: »Nein, nein, ich schlafe genauso gut auf dem Boden. Ich bin es gewohnt. Sie nicht.«

Welcher Aufwand, dachte Ballmann, als er durch das schräge Fenster der Mansarde hinauf in den klaren Sternenhimmel sah. Die Nacht war hell. Es fehlten nur noch ein paar Tage bis zum Vollmond. Selbst wenn man bedenkt, dachte Ballmann, daß das alles nur Schwindel ist – oder vielleicht sollte man einen weniger verletzenden Ausdruck verwenden – alles nur *Illusion* ist, irgendwelche Leuchtkörper, die mir als Mond und Sterne vorgegaukelt werden ... selbst wenn man das bedenkt: was für ein Aufwand!

»Was für ein Aufwand!« sagte Burschi. Burschis Stimme klang anders. Ballmann meinte im ersten Moment, er rede im Schlaf.

»Ich meine«, sagte Burschi, »was die Kameraden für

einen Aufwand treiben. Der Mond, die Sterne ...
und alles überflüssig.«

»Wieso überflüssig«, sagte Ballmann, »es ist doch
schön?«

»Es geht«, sagte Burschi. »Ganz nett. Aber der Aufwand. Die Wolken, und die Lawinen im Winter, das
Meer, die Gebirge – sieht zum Teil kein Mensch, und
was geben sich die Kameraden für Mühe damit. Die
Dolomiten, zum Beispiel, meine Heimat, gewissermaßen, die Heimat der Kelten: was für ein Aufwand.
Würde es *einem* Menschen auffallen, wenn das ganz
normale, windige Berge wären? Aus Granit? Nein.
Keinem Menschen würde das auffallen, ein paar ver-
rückte Bergsteiger ausgenommen, die unbedingt auf
die ›Kölner Hütte‹ hinaufkraxeln wollen, die der Vetter Benedikt gebaut hat, *keinem* Menschen. Aber:
nicht ordinärer Granit, nein, *Dolomit* muß es sein.«

»Wer sind«, fragte Ballmann und richtete sich auf
seinem Sofa auf, »wer sind die *Kameraden*?«

»Oder«, fuhr Burschi fort, »zum Beispiel; da bin ich
einmal auf einer Wiese gelegen und habe einer Katze
zugeschaut, wie sie ein Mausnest ausgenommen hat.
Natürlich haben mir die jungen Mäuse leid getan,
aber ich habe die Katze doch nicht verjagt. *Mir* hilft
auch niemand, habe ich mir gedacht. *So* kleine Mäuse.
So klein wie zwei Drittel von meinem Finger. Die
Katze hat ein Mausjunges nach dem anderen aus dem
Nest herausgeholt. Man hat sie kaum quieken gehört,
so klein waren die Mäuse erst, sind noch ein wenig
im Gras herumgelaufen, dann hat sie die Katze ge-
fressen. Eins hat sie auseinandergebissen. So ist eben
die Natur. Widerwärtig. Widerwärtiger als die Natur

sind nur die Naturfreunde. Aber darauf wollte ich nicht hinaus. Ich wollte damit sagen: sogar so kleine Mäuse, die für nichts anderes da sind, als daß sie ein paar Stunden leben, und daß sie dann eine Katze frißt, sogar so kleine Mäuse haben, zum Beispiel, so etwas kompliziertes wie eine Leber. Wissen Sie, wie kompliziert eine Leber ist? Ungeheuer kompliziert ist eine Leber. Und sogar für jede solche Maus machen sie eine winzig-, winzig-kleine Leber – für jede *Ameise* –«

»Ameisen haben keine Leber«, sagte Ballmann.

»Wieso sollen Ameisen keine Leber haben?« sagte Burschi. »Selbstverständlich haben sie eine Leber.«

»Ameisen sind Insekten«, sagte Ballmann, »und Insekten haben doch keine Leber.«

»Doch«, sagte Burschi.

»Glaube ich nicht«, sagte Ballmann.

»Ich glaube es schon«, sagte Burschi. »Sonst könnten sie nichts trinken.«

»Ich habe noch nie gesehen, daß eine Ameise trinkt«, sagte Ballmann.

Burschi dachte nach.

»Kann sein, daß du recht hast«, sagte er dann. »Aber das ändert nichts daran: was die Kameraden für einen Aufwand treiben.«

»Wer sind die *Kameraden*?« fragte Ballmann.

Burschi schwieg.

»Kennst du die *Kameraden*?« fragte Ballmann.

»Wie man halt so *Kameraden* sagt«, sagte Burschi dann, »ich meine es nicht despektierlich. Der Vetter Rasso hat es mir erzählt.«

»Wer ist der Vetter Rasso?«

»Der Sohn vom Vetter Benedikt. Ich möchte nichts gegen Sie sagen, Herr Direktor, Sie haben mich großartig aufgenommen und sind sicher ziemlich gescheit, aber der Vetter Rasso ist der gescheiteste Mensch, der mir je untergekommen ist. Er war Franziskaner-Pater, ursprünglich, später dann ist er allerdings Matrose geworden, und ein paar Jahre lang war er auch Kondukteur bei der Jenesinger-Seilbahn in Bozen. Jetzt ist er Gralsritter.«

»*Was* ist er?«

»Gralsritter. In Innsbruck. Ich habe ihn einmal besucht. Da hat er mich mitgenommen. Es gibt eine ganze Menge Gralsritter in Innsbruck. Sie treffen sich immer am Mittwoch. Wie das Lokal heißt, weiß ich nicht mehr. Sie gehen dort in den Keller hinunter und ziehen wahnsinnig großartige Uniformen an. Es ist sehr geheim. Der Vetter Rasso mußte erst die Genehmigung vom Chef der Gralsritter einholen, damit ich dabeisein durfte. Mindestens zwanzig Bier und zwanzig Schnäpse haben sie mir spendiert. Ich mußte auch schwören. Was ich geschworen habe, weiß ich nicht mehr. Und danach, da ist es schon wieder dämmrig geworden, haben sie die Uniformen abgelegt, ihre normalen Mäntel angezogen und sind hinaufgestiegen aus dem Keller. Gesungen haben sie auch. Es waren ganz geheime Lieder, die kein Mensch sonst kennt. Und dann bin ich mit dem Vetter Rasso heimgegangen, und auf der großen Brücke über dem Inn ist er stehengeblieben, und der Mond war wie heute, und der Vetter hat hinaufgezeigt und gesagt: wenn ich will, zeigt er mir den Weg zu den Geheimen Weltenbaumeistern.«

Ballmann sagte nichts und schaute zu dem aufwendigen Sternenarrangement hinauf, über das sich jetzt ein Schleier von Wolken zog. Das schöne Wetter war vorüber, hatte schon der Wetterbericht im Radio gesagt, morgen würde es regnen.

»Wo wohnen die Geheimen Weltenbaumeister?« fragte Ballmann.

»Sie wohnen hinter den Felsbergen«, sagte Burschi, »das hat mir auch der Vetter Rasso verraten, wo die Täler aufhören, in denen die letzten Kelten leben. Es ist natürlich nicht leicht zu finden, aber wenn man sich Mühe gibt und sich die Zeichen eingeprägt hat, die sie an den Weg gestellt haben, findet man sie doch. Eine Burgruine steht auf einem Felsen über einer Schlucht, durch die muß man hindurch. Dann führt der Weg steil hinauf, sagt der Vetter Rasso, dann kommt in einem sumpfigen Grund noch eine Mühle, wo ein Mann wohnt, der früher ein Herr war über viele Männer. Er redet wenig, aber er gibt uns etwas zu trinken und auch etwas zu essen. Hinter der Mühle wohnt niemand mehr. Da zieht sich der Pfad zwischen Gestrüpp hin, denn Bäume gibt es da oben nicht mehr, und von da ab können wir es nicht verfehlen, wir müssen nur immer dem Pfad folgen. Es wird ganz still werden. Stundenlang oder auch tagelang müssen wir gehen. Der Pfad ist von Disteln und Kräutern überwachsen, und wenn wir einen Falken über uns schweben sehen, dann wissen wir, daß der See in der Nähe ist.«

»Der See?«

»Ja, der See. Ein fast kreisrunder Bergsee, den niemand kennt, und der keinen Namen hat. Am See hört der Pfad auf, aber am Ufer liegt ein alter Kahn. Das heißt – hat Vetter Rasso gesagt –, wenn die Geheimen Weltenbaumeister wollen, daß wir kommen, liegt der Kahn dort. Das werden wir ja dann sehen. Wir müssen den Kahn durch den Kies in das Wasser schieben. Das Knirschen wird das einzige Geräusch sein weit und breit. Der Falke wird dadurch auf uns aufmerksam werden und über uns kreisen. Dann müssen wir in den Kahn springen und über den See rudern.«

»Sind auch Ruder im Kahn?«

»Natürlich sind auch Ruder im Kahn, wenn sie wollen, daß wir kommen.«

»Und wo rudern wir hin?«

»Über den See, genau quer über den See. Das weitere, sagte der Vetter Rasso, wird sich finden, denn jenseits des Sees, da wohnen sie.«

»Woher weiß der Vetter Rasso das? War er schon dort?«

»Er war noch nicht dort. Oder vielleicht war er dort, hat nur den Kahn nicht vorgefunden. Woher er es weiß? Er weiß es, weil er Gralsritter ist.«

»Also dann gute Nacht«, sagte Ballmann.

»Gute Nacht«, sagte Burschi. »Vielleicht sollten Sie ein Geld mitnehmen, Herr Direktor.«

»Für die Geheimen Weltenbaumeister?«

»Nein. Für die Zeit, bis wir dort sind.«

Am nächsten Tag regnete es tatsächlich. Der Bankbeamte erkannte den bärtigen, langhaarigen Ballmann im ersten Augenblick gar nicht, erst im Laufe des Gespräches an der Stimme. Trotzdem folgte er ihm das

Geld – eine nicht unbeträchtliche Summe, Ballmann löste ein Sparkonto auf, überzog auch sein Konto, soweit es ging – erst aus, als Ballmann seinen Paß vorzeigte. Auf Burschis Weisung ließ sich Ballmann große Scheine geben. Vor der Bank – unter einem Baum, der vor dem Regen schützte – zog Burschi Schuhe und Strümpfe aus, klebte die Scheine unter die Fußsohlen, zog Strümpfe und Schuhe wieder darüber. »So«, sagte dann Burschi. Zum Hauptbahnhof fuhren sie schwarz. Diesmal wurden sie nicht erwischt.

XVIII

»Ich habe in meinen alten, privaten Aufzeichnungen
vom vorigen Jahr nachgeschaut«, sagte Oberstaatsanwalt Dr. F., »am 1. Juni war ich bei ihm. Es war
der Freitag vor Pfingsten. Am Mittwoch danach, das
war der 6. Juni, ist er verschwunden.«

Oberstaatsanwalt Dr. F. – seit wenigen Tagen pensioniert – war zur Konferenz dazugebeten worden.
Der Abteilungschef Dr. Kaltenegger hatte die Herren
(außer Dr. F. den Chefpräsidenten des Oberlandesgerichts und den Landgerichtspräsidenten) zu sich ge-
beten. Die Vorzimmerdame servierte dünnen Kaffee,
an dem Dr. F. nur nippte, in der Hoffnung, daß niemand die Unhöflichkeit merkte.

»Private Aufzeichnungen?« fragte der Abteilungschef
in einem aus Jovialität und Mißtrauen gemischten
Ton.

»Ja, private Aufzeichnungen«, sagte Dr. F., »wes-
sen?«

Der Abteilungschef lachte gequält: »Dann schreiben
Sie jetzt Ihren Roman aus dem Justizmilieu, von dem
man mehrfach gesprochen hat? Wer wird sich denn
dann alles wiedererkennen müssen?«

»Ich hatte nie den Ehrgeiz, einen Roman zu schreiben«, sagte Dr. F., »ja, auch jetzt, nach meiner Pensionierung, habe ich ihn nicht. Und am allerwenigsten
würde ich einen Roman aus dem Justizmilieu schreiben – und wiedererkennen? Gesetzt den Fall, ich

schriebe dennoch einen Roman, würde ich niemanden porträtieren oder karikieren. Allerdings würde der Roman von Karikaturen wimmeln. Wäre doch realistisch, oder? Und es wäre dann sehr erhellend, *wer* von den Kollegen sich in *welcher* Karikatur wiederzuerkennen glaubt. Aber –«, Dr. F. winkte beschwichtigend ab, »– wirklich nicht. Kein Roman. Sie können beruhigt sein. Wenden wir uns dem unglücklichen Ballmann zu.«

»Und kein Lebenszeichen mehr seitdem?« fragte der Chefpräsident.

»Nichts«, sagte der Landgerichtspräsident.

»Das sind eineinhalb Jahre her, nahezu«, sagte der Abteilungschef. Heute schreiben wir den 4. November.«

Es war zehn Minuten oder eine Viertelstunde nach zwei: ein fahler, etwas regnerischer Spätherbstnachmittag glitt hier, in dem düsteren Dienstzimmer, fast schon in die Dämmerung hinüber.

»Der 4. November ist heute?« fragte Dr. F.

»Ja«, sagte der Chefpräsident.

Dr. F. schaute zum Fenster hinaus und seufzte. Das Zimmer ging nach Westen hinaus. Dort zeigte sich am Himmel ein heller, freundlicher Streifen.

»Sie seufzen?« fragte der Abteilungschef, »haben Sie heute Geburtstag?«

»Nein«, sagte Dr. F., »der 4. November hat für mich eine gewisse Bedeutung, aber das ist privater Natur. Gehört nicht zur Sache.«

»Irgendwie muß die Geschichte mit dem verschwundenen Dr. Ballmann geregelt werden«, sagte Dr. Kaltenegger. »Sie, Herr Kollege Dr. F., haben damals zuletzt mit ihm gesprochen – ich meine: als letzter aus dem Bereich der Justiz . . .«

»Ja«, sagte Dr. F., »er hat sich für den lieben Gott gehalten.«

»Für *was*, bitte?« sagte der Chefpräsident.

»Für den lieben Gott«, sagte Dr. F.

Die Augen des Abteilungschefs weiteten sich. »Ein hiesiger Richter, der sich für den lieben Gott hält, haben Sie ihm denn das nicht ausgeredet?«

»Weiß ich, ob ich das Recht dazu habe?«

»Ich verstehe nicht, was Sie meinen«, sagte Dr. Kaltenegger, »das ist ja eine Ungeheuerlichkeit –« Er schüttelte den Kopf. Er wird in den nächsten Wochen noch oft in Gedanken den Kopf schütteln, wenn er daran denkt, wenn ihn – oft unvermittelt – die Erinnerung daran überfällt, wird leise und wortlos den Kopf schütteln. Seine Vorzimmerdame wird schon die Befürchtung hegen, es habe ihren Chef ein Nervenleiden befallen.

Die Planstelle Dr. Ballmanns, referierte dann der Landgerichtspräsident, sei noch immer unbesetzt, aber das könne so nicht weitergehen. Frau Ballmann weigere sich, ihren Mann für tot erklären zu lassen. Ein Dienststrafverfahren könne man einleiten – aber was helfe das? Die Bezüge Ballmanns seien – bis auf den Teil, der einer Witwenpension entspreche – eingefroren. Die dienst- und besoldungsrechtlichen Probleme, die das Verschwinden Ballmanns aufgeworfen hätte, seien ungeheuer kompliziert.

»Aber irgendwie regeln müssen wir es«, sagte der Abteilungschef. »Oder glaubt einer der Herren, daß er eines Tages wieder auftaucht?«

Die Herren schwiegen.

Man kam zu keinem Ergebnis bei dieser Konferenz, außer, daß ein besonders fähiger junger Regierungsrat des Ministeriums ein Gutachten über den Fall erarbeiten und daß man nochmals mit Frau Ballmann reden solle.

»Irgendwie werden wir es lösen«, sagte der Chefpräsident.

»Die Justiz«, sagte der Abteilungschef stolz, »ist noch mit ganz anderen Problemen fertiggeworden. Ich danke, meine Herren.«

Die Herren standen auf.

»Noch etwas am Rande«, sagte Oberstaatsanwalt Dr. F. und öffnete seine Aktentasche. Er zog ein Konvolut Blätter daraus hervor.

»Was ist das?« fragte Dr. Kaltenegger.

»Daran hat Dr. Ballmann bis zur – bis zu seiner Krankheit gearbeitet. Frau Ballmann hat es mir gegeben«, sagte Dr. F.

Lehrbuch für Konkursrecht las der Landgerichtspräsident auf dem ersten Blatt.

»Ist es fertiggestellt?« fragte der Chefpräsident.

»Nein«, sagte Dr. F., »leider nicht. Ich habe das Manuskript durchgesehen. Eine hochinteressante Arbeit, aber eben leider nur ein Fragment.«

»Da wird man nicht viel anfangen können damit«, sagte der Landgerichtspräsident.

Oberstaatsanwalt Dr. F. zuckte mit den Schultern: »Ich übergebe es hiermit im Auftrag von der Wit – von Frau Ballmann.«

»Was soll ich damit?« fragte der Abteilungschef. »Na, gut. Ich nehme es zu den Personalakten.«

»*Lehrbuch für Konkursrecht*«, murmelte der Abteilungschef, als die anderen Herren dann gegangen waren, schüttelte den Kopf, legte das Manuskript obenauf in die Personalakte mit der Aufschrift: ›Dr. Ballmann, Martin‹, band sinnend den ärarischen Spagat um die Akte und schüttelte nochmals den Kopf.